# Herta Müller

# O rei se inclina e mata

# Herta Müller

# O rei se inclina e mata

**Tradução**

ROSVITHA FRIESEN BLUME

BIBLIOTECA AZUL

Texto fixado conforme as regras do novo Acordo Ortográfico da Língua Portuguesa (Decreto legislativo nº 54, de 1995).

*Editor responsável*: Alexandre Barbosa de Souza
*Editor assistente*: Juliana de Araujo Rodrigues
*Revisão*: Thiago Lins e Nina Basilio
*Diagramação*: Negrito Produção Editorial
*Capa*: Delfin [Studio DelRey]
*Imagem da capa*: Desenho de Herta Müller

A tradução deste livro foi realizada no âmbito de um estágio pós-doutoral na Alemanha com bolsa da CAPES, processo 9087117.

1ª edição, 2013

Dados Internacionais de Catalogação na Publicação (CIP)
(Câmara Brasileira do Livro, SP, Brasil)

Müller, Herta
O rei se inclina e mata / Herta Müller; tradução Rosvitha Friesen Blume. – São Paulo: Globo, 2013.

Título original: Der König verneigt sich und tötet.
ISBN 978-85-250-5397-8

1. Ensaios alemães I. Título.

13-03332 CDD-834

Índices para catálogo sistemático:
1. Ensaios: Literatura alemã 834

Direitos exclusivos de edição em língua portuguesa, para o Brasil, adquiridos por EDITORA GLOBO S.A.
Av. Jaguaré, 1485 – 05346-902 – São Paulo-SP
www.globolivros.com.br

# Sumário

# EM CADA LÍNGUA ESTÃO FINCADOS OUTROS OLHOS

Na língua do vilarejo — assim me parecia quando criança — as palavras pousavam, em todas as pessoas ao meu redor, diretamente sobre as coisas que elas designavam. As coisas se chamavam exatamente como eram, e elas eram exatamente como se chamavam. Um acordo selado para sempre. Não havia, para a maioria das pessoas, frestas através das quais pudessem olhar por entre palavra e objeto e tivessem de cravar os olhos no nada, como se saíssem de sua pele deslizando para o vazio. Os movimentos rotineiros eram trabalho instintivo, ensaiado sem palavras, a cabeça não acompanhava o caminho das mãos nem possuía seus próprios caminhos desviantes. A cabeça existia para sustentar os olhos e os ouvidos, dos quais se precisava para trabalhar. O ditado "Esse aí tem a cabeça sobre os ombros para que não lhe chova no pescoço", esse dito podia ser aplicado ao cotidiano de todos. Ou não, talvez? Porque minha avó aconselhava minha mãe, quando era inverno e não havia o que fazer lá fora, quando meu pai ficava caindo de bêbado por dias a fio: "Se você acha que não aguenta, arrume o armário". Desativar a cabeça através da arrumação de roupas de um lado a outro. A mãe deveria dobrar de novo ou empilhar ou pendurar lado a lado suas blusas e as camisas dele, suas meias e as dele, suas saias e as calças dele. A junção renovada das roupas dos dois deveria impedir que a bebedeira dele o colocasse para fora desse casamento.

Palavras só acompanhavam o trabalho quando várias pessoas faziam algo em conjunto e um dependia do movimento do outro. Mas mesmo aí, nem sempre. Trabalho pesado como carregar sacos, arar, capinar, ceifar com a foice era uma escola do silêncio. O corpo estava empenhado demais para consumir-se com a fala. Vinte ou trinta pessoas podiam silenciar por horas a fio. Às vezes eu pensava, ao observar aquilo, agora estou vendo o que acontece quando pessoas desaprendem a fala. Elas terão esquecido todas as palavras quando saírem dessa trabalheira.

O que se faz não tem de ser duplicado na palavra. Palavras retardam os movimentos das mãos, elas atrapalham o corpo — eu conhecia isso. Mas o desacordo entre o exterior das mãos e o interior da cabeça, a certeza: agora você está pensando algo que não lhe cabe e que ninguém a julga capaz de pensar, isso era outra coisa. Isso só vinha quando vinha o medo. Eu não era mais medrosa que os outros, apenas tinha, como eles, provavelmente, as muitas razões irracionais para ter medo — razões construídas na cabeça, inventadas. Mas esse medo inventado não é apenas imaginação, ele é válido quando se tem de lutar com ele, visto que é tão real quanto o medo que provém de razões externas. Ele poderia, justamente por ser construído na cabeça, chamar-se medo descabeçado. Descabeçado porque não conhece motivo exato nem qualquer remédio. Emil M. Cioran disse que os momentos do medo irracional são os que mais se aproximam da existência. A repentina busca pelo sentido, a febre nervosa, os calafrios da alma com a pergunta: quanto vale a minha vida. Essa pergunta se atirava imperiosamente sobre o habitual, reluzia por entre os momentos mais "normais". Não tive de passar fome ou andar descalça, à noite deitava entre lençóis recém-colocados e muito bem passados para adormecer. Antes de apagar a luz ainda haviam cantado para mim a música: "Antes de ao meu repouso me recolher, / a ti, oh Deus, meu coração eu ouso erguer". Mas então a lareira azulejada ao lado da cama virava uma torre de água, aquela do fim do vilarejo com a uva-brava. Na época ainda não conhecia o lindo poema de Helga M. Novak, "A uva-brava que envolve a torre d'água se tinge toda, quando fenece como os lábios dos soldados". A oração que deveria me acalmar e me conduzir diretamente ao sono provocava o contrário, ela agitava a cabeça. Por isso jamais compreendi como a fé pode acalmar o medo das pessoas, como ela pode proporcionar equilíbrio a outros e prestar-se para manter quietos os pensamentos no crânio. Pois toda oração, por mais repetida que fosse a ladainha, tornava-se um paradigma. Ela exigia a interpretação do meu próprio estado. O lugar dos pés é no chão, um pouco acima estão a barriga, as costelas, a cabeça. No lugar mais alto está o cabelo. E como se ergue o coração através do cabelo por um teto espesso até Deus. Por que razão uma avó canta essas palavras para mim, se ela mesma não pode fazer o que elas exigem.

No dialeto a uva-brava chama "uvas-de-tinta", porque seus bagos pretos pintam as mãos com manchas que se impregnam na pele por muitos dias. A torre de água ao lado da cama, suas uvas pretas como deve ser o sono profundo. Eu sabia que adormecer significava deixar-se afogar na tinta. Mas eu também sabia: quem não consegue dormir é porque tem a consciência pesada, uma carga nociva no crânio. Portanto, era o que eu tinha, só não sabia por quê. Também havia tinta lá fora, na noite do vilarejo. A torre mantinha a região sob seu controle, ela puxava o chão e o céu, e na tinta só existia, para todos no vilarejo, esse ínfimo lugar fixo no qual justamente se encontravam. De todas as direções os sapos coaxavam, os grilos faziam algazarra, mostravam o caminho para baixo da terra. E prendiam, para que ninguém escapasse, o vilarejo no eco de uma caixa. Eu, como todas as crianças, era levada até os mortos. Eles estavam em caixões na sala. As pessoas iam visitá-los uma última vez antes que fossem levados ao cemitério. Os caixões encontravam-se abertos, os pés com as solas de sapato na vertical estavam virados para a porta. Entrando por ali, dava-se uma volta em torno do caixão, a começar pelos pés, e se observavam os mortos. Os sapos e os grilos eram seus empregados. Durante a noite eles diziam algo transparente aos vivos que deveria confundir a cabeça. Eu trancava a respiração o quanto podia para compreender o que diziam. Mas então resfolegava em pânico. Compreender eu queria, mas não perder a cabeça sem volta. Quem chegasse a compreender o transparente seria agarrado pelos pés e sumiria da terra, pensava eu. A sensação de estar prestes a ser devorada pelo lugar, nessa caixa que era o vilarejo, apossava-se de mim do mesmo modo no vale do rio em dias de calor extremo, onde tinha de cuidar das vacas. Eu não possuía relógio, meu relógio era a linha do trem para a cidade. Todo dia passavam quatro trens pelo vale, somente após o quarto eu podia iniciar a volta para casa. Então eram oito da noite. Aí também o céu começava a comer capim e elevava o vale para perto de si. Eu me apressava para escapar antes que chegasse o momento. Nesses dias longos num vale muito grande e descaradamente verde perguntei inúmeras vezes qual é o valor da minha vida. Beliscava manchas vermelhas na pele para descobrir de que material são essas pernas e esses braços e quando é que Deus me pedirá de volta o seu material. Eu comia folhas e flores para que se assemelhassem à minha língua. Eu queria que nos parecêssemos, pois elas sabiam como se vive e eu não. Eu as chamava pelo nome. O nome "cardo-leiteiro" tinha mesmo de ser a planta espinhenta com o leite nos caules. Mas a planta não gostava do nome, ela não atendia por ele. Tentei com nomes inventados: "costela-de-espinho", "pescoço-de-agulha", nos quais não aparecia nem "cardo" nem "leite". No engano de todos os nomes falsos diante da planta verdadeira, abria-se a fenda para o vazio. A vergonha de falar em voz alta comigo mesma e não com a planta. Nos quatro trens que passavam, as janelas estavam escancaradas, os passageiros de mangas curtas em pé, eu acenava. Aproximava-me o quanto podia dos trilhos para ver um pouco de seus rostos. Eram os citadinos limpos no trem, adereços e unhas vermelhas reluziam em várias damas. Quando o trem havia passado o vestido esvoaçante grudava em mim de novo, minha cabeça estava tonta por causa do vento repentinamente interrompido, como após o pouso forçado de um carrossel que voeja, os olhos estavam paralisados na cabeça e doíam. Os globos oculares como se tivessem saltado um pouco demais da testa; resfriados pela corrente de ar, estavam grandes demais para as órbitas. Minha respiração estava fraca, a pele suja nos braços e nas pernas, arranhada, as unhas verdes e marrons. Após cada trem eu me sentia abandonada, me achava repugnante e me observava mais ainda. Aí o céu do vale tornava-se uma grande sujeira azul e a pastagem uma grande sujeira verde e eu uma pequena sujeira ali no meio, que não contava. A palavra "einsam" [solitário] não existe no dialeto, somente a palavra "allein" [sozinho]. E essa se chamava "alleenig", e isso soa como "wenig" [pouco] — e assim era de fato.

Assim também era no meio do milharal. Espigas com cabelo de milho, podiam-se fazer tranças com ele, dentes amarelos e quebrados — os grãos de milho. O próprio corpo farfalhava, era tão pouco como o vento vazio em meio à poeira. O interior da garganta seco de sede, em cima um sol estranho como uma bandeja na casa de gente distinta, quando trazem um copo de água a uma visita. Até hoje longos milharais me entristecem, fecho os olhos onde quer que eu passe por um milharal, seja no trem ou de carro, imediatamente se apossa de mim o medo de que milharais caminhem verticalmente em volta de toda a terra.

Eu odiava o campo teimoso que devorava plantas e animais selvagens para alimentar plantas e animais domésticos. Cada campo era o panóptico ilimitado das formas de morrer, um florescente manjar de defuntos. Cada paisagem treinava a morte. Flores imitavam os pescoços, narizes, olhos, lábios, línguas, umbigos, mamilos das pessoas, não davam descanso, emprestavam as partes dos corpos em amarelo-cera, branco-cal, vermelho-sangue ou azul-manchado, desperdiçavam, acasalados com o verde, o que não lhes pertencia. Nos mortos, então, essas cores perpassavam a pele como queriam. Os vivos eram tão estúpidos e as exigiam, e nos mortos elas floresciam porque a carne abdicava. Das visitas aos mortos eu conhecia as unhas azuis, a cartilagem amarela nos lóbulos das orelhas esverdeadas onde as plantas já meteram os dentes, iniciando impacientemente o trabalho de decomposição, no meio da sala das casas, não somente no túmulo. Eu pensava nas ruas desse vilarejo, entre as casas, poços e árvores: essas aqui são as franjas do mundo, a gente deveria viver sobre o tapete, ele é de asfalto e só existe na cidade. Eu não queria ser apanhada por esse panóptico florescente que esbanjava todas as cores. Não colocar o meu corpo à disposição dessa queimada de verão comilona e camuflada de flores. O que eu queria: afastar-me das franjas, subir no tapete onde o asfalto sob as solas é tão impermeável que a morte vinda da terra não possa enrolar-se de mansinho nos tornozelos. Queria andar no trem como uma dama da cidade com as unhas pintadas de vermelho, passar por sobre o asfalto com sapatos graciosos como cabeças de jacaré, ouvir o clip-clap seco dos passos, como havia visto na cidade em duas visitas médicas. Eu não conseguia me arranjar com o fato de estar viva no círculo de comilança das plantas, com o reflexo do verde das folhas na pele, embora só conhecesse camponeses. Eu sempre via que o campo só me alimenta porque quer me devorar mais tarde. Para mim era um mistério como se podia confiar sua vida a uma região que mostra a cada passo que se é um candidato ao panóptico da morte.

Era um fracasso que, o que quer que eu fizesse, não me convencia, e ninguém me julgava capaz do que me passava pela cabeça. Eu tinha de esgarçar tanto o momento que ele não pudesse ser preenchido com nada que fosse humanamente possível. Eu provocava a aproximação desnuda da efemeridade, era incapaz de encontrar a medida suportável, de apegar-me ao habitual.

É um desnudamento quando se desliza de sua pele para o vazio. Eu queria me aproximar da região e me desgastei nela, permiti que ela me despedaçasse a ponto de não conseguir mais me juntar. Incestuoso, como me parece hoje. Desejava uma "relação normal" e eu mesma a obstruía, porque não deixava nada ser como era. Eu teria necessitado urgentemente da quietude interior, mas não compreendia como se faz isso. Eu acho que exteriormente não se percebia nada em mim. Falar sobre isso não me passava pela cabeça. A corrida errante na cabeça tinha de ser ocultada. Além do mais não havia palavras para isso no dialeto além desses dois adjetivos: "preguiçoso" para a parte física da questão e "reflexivo" para a parte psíquica. Eu também não tinha palavras para isso. Até hoje não as tenho, nem pra mim. Não é verdade que há palavras para tudo. Também não é verdade que sempre se pensa em palavras. Até hoje há muitas coisas que não penso em palavras, não as encontrei, não no alemão do vilarejo, não no alemão citadino, não no romeno, não no alemão oriental ou ocidental. E em nenhum livro. Os meandros interiores não coincidem com a linguagem, eles nos levam a lugares onde as palavras não podem permanecer. Muitas vezes é o decisivo, sobre o que não se pode dizer mais nada, e o impulso de falar a respeito é bem-sucedido porque ele passa ao longe. A crença de que falar destrincha os emaranhados só conheço do ocidente. Falar não concerta nem a vida no milharal e nem aquela sobre o asfalto. Também só conheço do ocidente a crença de que não se pode suportar o que não tem sentido.

O que pode a fala? Quando a maior parte da vida não está mais em ordem, também as palavras despencam. Eu vi as palavras que eu tinha despencarem. E tinha certeza de que com elas também despencariam aquelas que eu não tinha, caso as tivesse. As não disponíveis seriam como as disponíveis, que despencaram. Eu nunca sabia quantas palavras seriam necessárias para cobrir de todo a corrida errante atrás da testa. Uma corrida errante que logo se afasta das palavras encontradas para ela. Quais são as palavras e com que rapidez deveriam estar à disposição e revezar-se com outras, para alcançar os pensamentos. E o que significa alcançar. É claro que o pensamento fala consigo mesmo de modo bem diferente do que as palavras falam com ele.

E ainda assim o desejo: "ser capaz de dizê-lo". Se não tivesse tido constantemente esse desejo, não teria chegado a testar nomes para cardo-leiteiro, a fim de me dirigir a eles com o seu verdadeiro nome. Sem esse desejo não teria causado esse estranhamento ao meu redor como consequência de uma proximidade malsucedida.

Desde sempre dei importância aos objetos. Sua aparência tanto fazia parte da imagem das pessoas que os possuíam, quanto as próprias pessoas. Eles sempre são parte inseparável do que e como uma pessoa foi. Eles são a parte mais externa retirada da pele das pessoas. E, caso sobrevivam a seus donos, a pessoa ausente entra inteiramente nesses objetos deixados. Quando meu pai havia falecido o hospital me entregou sua prótese dentária e seus óculos. Em casa, numa gaveta da cozinha, entre os talheres, encontravam-se suas menores chaves de fenda. Enquanto ele vivia minha mãe dizia quase todos os dias que aquele não era lugar para ferramentas, que ele as tirasse dali. Depois que ele estava morto elas ainda permaneceram lá por anos. Aí a visão das ferramentas não incomodava mais a minha mãe. Já que o seu dono não estava mais sentado à mesa, que ao menos as suas ferramentas ficassem junto dos talheres. Uma timidez apoderou-se de suas mãos, generosas exceções infiltraram-se em seu senso de ordem. Agora ele poderia, pensava eu, comer com as suas chaves de fenda ao invés de usar garfo e faca, caso pudesse voltar a essa mesa. Mas também os obstinados pés de abricó no pátio não se envergonhavam de florescer. Muitas vezes se distribuem os sentimentos de um modo estranho para fora. Sobre alguns poucos objetos que sem razão alguma se prestam para explicar a lembrança na cabeça. Usam-se atalhos para tal. Assim, nem a prótese e nem os óculos representavam a ausência do pai, mas as chaves de fenda e os pés de abricó. Com os olhos eu adentrava as árvores de modo tão irracional que os galhos ainda curtos e pelados se pareciam incrivelmente com as pequenas chaves de fenda, quando olhava muito tempo para as árvores. E então eu já era adulta e mesmo assim as coisas se acoplavam tão traiçoeiras como antigamente.

Berlim não é uma região de abricós, é muito fria para isso. Não senti falta de nenhum pé de abricó em Berlim. Mas acabei encontrando um sem procurar. Ele está bem ao lado dos trilhos de uma ponte do metrô de superfície, não se consegue chegar lá, ele não pertence a ninguém, no máximo à cidade. Está numa baixada da linha do trem, sua coroa é tão alta quanto as grades da ponte, mas tão longe que se teria de inclinar-se perigosamente para a frente para colher abricós. Muitas vezes passo por ele. Para mim a árvore é um pedaço de vilarejo que escapou; é muito mais velha do que a minha estada na Alemanha. Como se algumas delas também tivessem se aborrecido do vilarejo, como se tivessem escapado dos jardins desapercebidamente. Como se árvores fugitivas estivessem na mesma situação que pessoas fugitivas: elas deixam o lugar perigoso ainda na hora exata, encontram um país razoavelmente adequado, mas neste o lugar errado pra ficar e nenhuma decisão de ir. Meu caminho para a venda passa pelo pé de abricó. Evidentemente a rua tem dois lados e eu poderia desviar-me dele. Por causa do pé de abricó é impossível simplesmente ir à venda. Através do lado da rua que escolho, tenho de decidir se visito a árvore ou se prefiro desviar-me dela. Decidir isso não é uma grande sensação. Digo a mim mesma: vejamos como ela está hoje. Ou: que ela me deixe em paz hoje. Não é o pai que me empurra para as visitas, não o vilarejo, não o país — nada de saudades. A árvore não é peso nem alívio. Ela só está ali como um travo daquele tempo. O que me range na cabeça em sua proximidade é meio açúcar, meio areia. A palavra "Aprikosen" [abricó] é lisonjeira, ela soa a "liebkosen" [fazer carinho]. Então, depois de tantos encontros com os abricós, acabei fazendo uma colagem com o texto:

> Arrastam cinco seis patas as gatas das garagens e farfalham
> nas escadas como as vagens das acácias
> quando comíamos os abricós entortados e gatos do vilarejo
> com narizes espichados sentavam nas cadeiras ao redor
> viravam os pares de olhos como xícaras translúcidas
> e quando dormiam respiravam as pelúcias
> abricós fazem mal febre fria com doces ramificações
> aos gatos das garagens ainda hoje envio saudações[1]

É evidente que não espero do texto que ele esclareça algo de modo conclusivo em relação aos abricós. O que me move perante os abricós ele não pode negar nem certificar. Mais do que os meus próprios, são textos de outros autores que me esclarecem algo. E quando o açúcar vira meio areia para mim, não me vem qualquer frase própria à mente, mas no máximo uma

1. Tradução realizada a quatro mãos com Markus J. Weininger. (N.T.)

de Alexandru Vona com o seu choque poético laconicamente emitido: "Pensei no mistério dos acelerados decursos da memória que são tão abrangentes e ainda assim só ocupam segundos, mesmo quando representam de modo resumido a duração de um dia inteiro ou até mais [...]. Na verdade a pergunta é simples: aonde vai o tempo se nós precisamos de tão pouco para reviver aquilo que nos resta dele?".[2]

Os pontos em que, alguma vez, por motivo desconhecido, tive um estranhamento diante de objetos, eles voltam sempre. Os objetos se repetem e me encontram. Alexandru Vona escreve: "Há uma realidade sufocante das coisas, cujo propósito eu desconheço".[3] Sem motivo algum chapéus têm algo de espionagem; sem o conhecimento de seus donos, segredos se enfiam de mansinho entre o cabelo da cabeça e o forro de seda. A maioria deles eu também não conheço, mas sempre sinto que eles existem quando alguém manuseia o chapéu. Assim, "puxar o chapéu" ou "arejar o chapéu"[4] tem pouco a ver com mostrar respeito e muito com "oferecer a testa",[5] já que ela fica pelada quando o chapéu foi tirado. Quando o chapéu é tirado ele se mostra por dentro: esse forro branco de seda. O chapéu pode ser qualquer cobertura de cabeça com forro branco. Certa vez dois homens do serviço secreto tiraram seus gorros de pele quando entraram na fábrica para me atribular. Quando os chapéus haviam sido tirados os cabelos no meio de ambas as cabeças estavam eriçados.

2. Alexandru Vona. *Die vermauerten Fenster* [As janelas cimentadas]. Trad. do romeno por Georg Aescht. Reinbeck: Rowohlt, 1997, p. 47.

3. Ibidem, p. 43.

4. Expressões fixas alemãs que descrevem um gesto de cumprimento ou reverência a alguém. (N.T.)

5. Expressão fixa alemã que significa "oferecer resistência a alguém". (N.T.)

O cérebro havia colocado os cabelos para cima a fim de abandonar a cabeça — eu o vi, ele estava sentado no forro de seda. Os dois homens do serviço secreto se comportavam de modo desprezível e arrogante — só em face do forro de seda branco estavam miseravelmente desamparados. Eu me sentia intocável pelo brilho branco. Podia me esquivar deles, tinha ideias claras e atrevidas e eles não percebiam o que me protegia. Lembrava de pequenos poemas, recitava-os na mente como se os lesse de um forro de seda. E seus pescoços pareciam velhos, suas bochechas desgastadas — estava ilicitamente claro, quando os dois senhores falavam sobre a minha morte, que não teriam como resistir à sua própria. Onde estavam os meus poeminhas na seda branca, suas cabeças estavam expostas no caixão.

Gosto de pessoas com chapéus, pois quando puxam o chapéu mostram seu cérebro. E até hoje abaixo o olhar no momento da retirada do chapéu. Não olhe pra lá, senão você vê demais. Não poderia jamais comprar algo para cobrir a cabeça que tivesse forro branco, minhas têmporas pulsam porque imediatamente tenho de pensar que perante o forro do chapéu a cabeça não pode esconder nada, diante de todo chapéu ela fica sem segredos.

Posso dizer tudo isso, mencionar o pé de abricós, a seda branca dos chapéus — mas explicar o que eles provocam na cabeça, não posso fazê-lo com palavras. Palavras são recortadas para a fala, talvez até precisamente recortadas. Elas também existem somente para a fala, por mim também para a escrita. Mas os galhos de ferramentas dos pés de abricós e o chapéu de cérebro, mesmo elas não compreendem. Elas não têm a capacidade de representar o que se passa por trás da testa.

Ler livros ou mesmo escrevê-los não é remédio. Se devo explicar por que considero um livro rigoroso e outro raso, só posso apontar para a densidade dos trechos que evocam a corrida errante na cabeça, trechos que imediatamente puxam meus pensamentos para onde as palavras não podem permanecer. Quanto mais densos forem esses trechos no livro, tanto mais rigoroso ele é, quanto mais ralos eles forem, mais raso é o texto. Para mim o critério para a qualidade de um texto tem sido sempre esse: acontece ou não a corrida errante na cabeça. Toda boa frase na cabeça desemboca lá onde aquilo que ela desencadeia fala de outro modo consigo do que em palavras. E se digo que livros me transformaram, foi por esse motivo. E, embora se afirme tantas vezes, não existe diferença entre poesia e prosa nesse aspecto. A prosa deve manter a mesma densidade, ainda que, por causa do caminho mais longo, tenha de realizá-lo de outro modo. Numa entrevista, Bruno Ganz, que muitas vezes apresenta poesia, diz: "É, na poesia é possível que um verso abra um espaço enorme, justamente para além daquilo que faz sentido em termos de palavras. De um modo estranho isso se cruza com o próximo verso, o tempo todo se abrem novos espaços. É claro que não no modo de uma argumentação, como na prosa linear. Opera-se com deslocamentos, com verticais e movimentos muito singulares. Poesia se encontra, para mim, num grande espaço, envolto em ar. Sempre se quer dizer mais, se movimenta mais do que dizem as palavras de modo imediato".[6] Bruno Ganz formulou acertadamente o que acontece quando um texto nos leva consigo. Só que isso vale pra qualquer literatura, também para a prosa. Ela

6. *Frankfurter Allgemeine Zeitung*, 18 de novembro de 2000.

pode se apresentar muito sóbria. Em Hanna Krall, por exemplo: "Da Gestapo vienense trouxeram-na para Auschwitz. Lá ela estava em quarentena; depois de três meses, mais que isso ela não podia ficar, pois seu marido a esperava em Mauthausen, subiu a rampa até o dr. Mengele, disse que era enfermeira e pediu para acompanhar o transporte [...] doutor Mengele, distinto, cortês, fez um pequeno teste na rampa. 'Como a senhora distingue o sangramento de uma artéria do de uma veia?', perguntou. Essa ela sabia, afinal de contas havia feito um curso de enfermagem na repartição de tifo do gueto. 'Quantas vezes por minuto um ser humano respira?', continuou perguntando o doutor Mengele. Isso ela não sabia e se assustou. 'Quantas vezes o coração bate em um minuto?', perguntou ele como um professor compreensivo que não gosta de reprovar as pessoas em testes. 'Depende', respondeu ela, 'de a pessoa estar com medo e do tamanho do medo.' Doutor Mengele deu uma risada, com o que ela percebeu uma lacuna nos dentes frontais. Diastema, lembrou ela do curso de enfermagem. Uma lacuna dessas se chama diastema".[7] Hanna Krall documenta; num tom de oralidade as frases escritas correm para uma precisão não afobada, para um silêncio que ouve tudo. As frases falam e ouvem ao mesmo tempo, na leitura elas me impelem para a proximidade quase insuportável dos fatos. Hanna Krall nos priva de qualquer comentário, através do apanhado e do arranjo de fatos surge uma clareza intransigente, ela começa a ecoar na cabeça. As realidades documentadas da autora parecem contar-se por si mesmas. Porém, o brilhantismo de Hanna Krall consiste em evitar comentários e, ainda assim,

7. Hanna Krall. *Legoland*. Trad. do polonês de Wanja W. Ronge. Frankfurt am Main: Neue Kritik Schauer, 1990, pp. 69 ss.

estar, através de uma intromissão invisível, por trás de toda frase. Literarização rigorosa sem ficção, unicamente através da percepção aguçada para palavras, sequência, cortes. O acontecido, nos livros da Hanna Krall, é forçado de volta para a retaguarda do vivido. Outro exemplo é Alexandru Vona. Ele trabalha com ficção. Mas ela soa documental. As frases de Vona brilham porque são tão peladas. O sentimento de estar em casa ele descreve da seguinte maneira: "... quando entro no quarto à noite, no escuro, reconheço a cadeira, porque sei que ela deve estar parada ali àquela hora (e sei que eu), porém, não a reconheceria num quarto estranho, igualmente envolto na escuridão — a bem da verdade, ali eu não vejo nada".[8] Ou: "A cidade inteira se parecia com o perfil de sombra do vizinho de poltrona numa sala de concerto".[9] Ou: "Atento cada vez mais para minha própria expressão facial do que para a do meu parceiro de conversa, e mesmo assim não posso dizer quase nada a mais sobre mim do que aquilo que se reflete nos olhos do outro".[10] Nas frases de Vona a corrida errante é tramada pelo lapidar, o constatado se torna estranho a si mesmo, expande-se ao paradigma e eu não sei como e através do quê. Não se julga que sua imagem exterior seja capaz de fazer o que a frase provoca na cabeça.

Mas um texto também pode ser metafórico, visivelmente tramado em imagens como em António Lobo Antunes e, por esse motivo, desembocar na corrida errante: "Caprichos negros, raivosas melancolias, ânsias da cor das nuvens que se avolumavam

8. Alexandre Vona, op. cit., pp. 11 ss.
9. Ibidem, p. 50.
10. Ibidem, p. 1.

no mar, almofadas sobrepostas, repletas de duplos queixos, de tafetá"[11] diz em seu romance *Explicação dos pássaros*.

Da maneira totalmente diferente que esses três autores aqui citados escrevem, eles atingem o mesmo na minha cabeça, eles me prendem a suas frases e me deixam atônita, de modo que tenho de sair de mim e trabalhar com as frases na minha própria vida. Uma boa frase na prosa muitas vezes é elogiada como sendo poética. Talvez porque se presta para valer por si só. Mas ela só se parece com uma frase boa na poesia, não com uma rasa. E, vez ou outra, duas frases boas simplesmente se parecem. A frase "Os pássaros quando morrem, flutuam de barriga para o ar no vento"[12] é evidente na prosa de Antunes. E ela só soa ao mesmo tempo como boa poesia porque é boa prosa.

Nos objetos e nas palavras para a ação, não nas palavras disponíveis para o pensamento, já houve muitas armadilhas. Mas então escapei das franjas do mundo, fui para o asfalto, onde estava o tapete. Tinha quinze anos e cheguei à cidade, deparei-me com coisas muito diferentes e aprendi o romeno. Inicialmente difícil, fiquei ouvindo por muito tempo, estava sobrecarregada. É bem verdade que possuía sapatos de jacaré agora, com o clip-clap, mas não possuía inteiramente a mim mesma. Parecia-me que somente as pontas dos dedos nos sapatos de salto tivessem restado de mim quando andava pela cidade. Falava o mínimo possível. E então, depois de meio ano, de repente quase tudo estava aí, como se eu não tivesse de fazer nada, como se as calça-

11. António Lobo Antunes. *Explicação dos pássaros*. Lisboa: Publicações Dom Quixote, 1986, 8ª ed., p. 60.
12. Ibidem, p. 59.

das, guichês de funcionários públicos, bondes e todos os objetos nas lojas tivessem aprendido essa língua por mim.

Quando o meio só fala aquilo que não se sabe, atenta-se para a língua. E permanecendo o suficiente, o tempo disponível no meio aprende a língua para a gente. Foi o que me aconteceu, a cabeça não tinha ideia de como se deu isso. Acho que se subestima a escuta das palavras. Mas a escuta se prepara para a fala. Certo dia a boca iniciou a fala por si só. Aí o romeno já se tornara como se fosse meu. Diferente do alemão, porém, as palavras arregalavam os olhos quando, sem querer, tinha de compará-las com as minhas palavras alemãs. Suas imbricações eram sensuais, atrevidas e surpreendentemente belas.

No dialeto do vilarejo dizia-se: Der Wind GEHT [o vento anda]. No alto alemão que se falava na escola, dizia-se: Der Wind WEHT [o vento sopra]. E isso pra mim aos sete anos soava como se ele estivesse machucado [tut WEH — dói]. E em romeno se dizia: o vento BATE, *vîntul bate*. O som do movimento era imediatamente audível quando se dizia bate, e aí o vento não machucava a si mesmo, mas a outros. Tão diferente quanto o soprar do vento também é o cessar do vento. Em alemão se diz: o vento se DEITOU — isso é raso e horizontal. Mas em romeno é: o vento PAROU, *vîntul a stat*. Isso é empinado e vertical. O exemplo do vento é apenas um desses constantes deslocamentos que acontecem entre as línguas ao se tratar de um mesmo fato. Quase toda frase representa um outro olhar. O romeno via o mundo de modo tão diferente quanto suas palavras eram diferentes. Também tecidas de outra maneira na rede da gramática.

Lírio, *crin*, é masculino em romeno. Certamente A lírio olha de outro jeito para a gente do que O lírio. Em alemão se tem uma dama, em romeno um senhor. Quando se conhecem as duas visões, elas se unem na cabeça. A visão feminina e a masculina se abrem, dentro do lírio se embalam uma mulher e um homem, fundindo-se. O objeto realiza em si mesmo um pequeno espetáculo, porque ele não se conhece mais muito bem. O que se torna o lírio em duas línguas que correm ao mesmo tempo? Um nariz de mulher em um rosto de homem, um palato longo esverdeado ou uma luva branca ou gola de pescoço? Ela cheira a ir e vir ou a ficar além do tempo? Do lírio fechado das duas línguas surgiu, através do encontro das duas visões de lírio, uma história enigmática e sem fim. Um lírio com um chão duplo sempre está inquieto na cabeça e por isso diz constantemente algo inesperado de si e do mundo. Vê-se mais nele do que no lírio monolíngue.

De uma língua à outra acontecem transformações. A visão da língua materna se posiciona em relação à visão diferente da língua estranha. A língua materna se tem quase sem qualquer acréscimo próprio. Ela é um dote, que surge sem que se perceba. E por outra língua, vinda mais tarde e de modo diferente, ela é julgada. No mais óbvio reluz, de repente, o aleatório das palavras. A partir de então a língua materna não é mais a única estação dos objetos, a palavra da língua materna não mais a única medida das coisas. Sim, claro, a língua materna permanece inamovível, aquilo que ela significa para a gente. De um modo geral se acredita em sua medida, ainda que esta seja relativizada pelo olhar incisivo da língua que se acrescenta. Sabe-se que essa medida, ainda que aleatória, mas também instintiva, é o que de mais seguro e necessário se possui. Está à disposição da boca, grátis, sem haver sido aprendida conscientemente. A língua materna está aí, imediata e incondicional como a própria pele. E tão vulnerável quanto esta quando é desvalorizada, desprezada ou mesmo proibida por outros. Quem, como eu, na Romênia, vinha do dialeto do vilarejo, acompanhado por um alemão escolar sofrível, para a língua nacional na cidade romena tinha dificuldades. Durante os dois primeiros anos na cidade eu geralmente achava mais fácil encontrar a rua correta numa região desconhecida do que a palavra adequada na língua nacional. O romeno se comportava comigo como a minha mesada. Mal um objeto me atraía na loja, e já o dinheiro não era suficiente para pagá-lo. O que eu queria dizer tinha de ser pago com palavras correspondentes e muitas eu não conhecia, e as poucas que eu conhecia não me ocorriam a tempo. Mas hoje sei que esse pouco a pouco, essa hesitação que me punha abaixo do nível do meu pensar também me deu o tempo necessário para admirar a transformação dos objetos pela língua romena. Eu sei que posso considerar uma sorte isso haver acontecido. Que diferente o olhar sobre a andorinha em romeno, a *rîndunica*, que se chama SENTADINHA EM FILEIRA. Há tanta informação a mais ali do que na palavra alemã. No nome do pássaro se expressa também que as andorinhas ficam sentadas em fileiras pretas, juntinhas uma da outra, sobre o fio. Eu havia visto isso a cada verão quando ainda não conhecia o romeno. Fiquei admirada com a possibilidade de denominar a andorinha com tamanha beleza.

Era cada vez mais frequente a língua romena ter as palavras mais sensitivas, que me pareciam mais adequadas do que minha língua materna. Não queria mais prescindir da amplitude das transformações. Não na fala e não na escrita. Em meus livros ainda não escrevi uma única frase em romeno. Mas é evidente que o romeno sempre escreve junto, porque cresceu para dentro do meu olhar.

Nenhuma língua materna sente dor quando suas casualidades se tornam visíveis pelo olhar incisivo de outras línguas. Ao contrário, colocar a própria língua diante do olhar de outra leva a um relacionamento inteiramente autenticado, a um amor não forçado. Nunca amei a minha língua materna por ser a melhor, mas a mais familiar.

A confiança instintiva na língua materna infelizmente pode ser abalada. Após o extermínio dos judeus no nazismo, Paul Celan teve de viver com o fato de sua língua materna alemã ser a língua dos assassinos de sua mãe. Mesmo nesse espaço extremamente adverso, Celan não pôde desvencilhar-se dela. Pois na primeira de todas as palavras que Celan pronunciou quando aprendeu a falar, essa língua já estava fincada. Ela era a fala que crescera para dentro da cabeça e teve de continuar sendo. Mesmo quando cheirava a chaminé de campo de concentração, Celan teve de permiti-la como o mais íntimo pulsar da língua, embora tivesse crescido entre o ídiche, o romeno e o russo, e o francês se tornasse sua língua cotidiana. Bem diferente foi o caso de Georges-Arthur Goldschmidt. Ele recusou a língua alemã após o extermínio dos judeus; durante décadas escreveu em francês. Mas não esqueceu o alemão. E seus últimos livros, escritos em alemão, são tão virtuosos que a maioria dos livros escritos na Alemanha perde o brilho ao seu lado. Pode-se dizer também que Goldschmidt teve a língua roubada por muito tempo.

Muitos escritores alemães imaginam que a língua materna poderia substituir qualquer coisa, caso fosse necessário. Embora nunca tenham tido a necessidade, dizem: LÍNGUA É PÁTRIA.

Autores cuja pátria está à sua disposição imediata, a quem não acontece nada que ameace suas vidas, me irritam com essa afirmação. O alemão que diz LÍNGUA É PÁTRIA tem o dever de colocar-se em relação àqueles que cunharam essa frase. E quem a cunhou foram os emigrantes que haviam fugido dos assassinos de Hitler. Relacionada a eles LÍNGUA É PÁTRIA se contrai para a mais pura autoafirmação. Ela significa simplesmente: "eu ainda existo". LÍNGUA É PÁTRIA era, para os emigrantes numa terra desconhecida e sem perspectiva, a perseverança em si mesmo, pronunciada para dentro da própria boca. Pessoas cuja pátria os deixa ir e vir à vontade não deveriam abusar dessa frase. Elas têm chão seguro sob os pés. Vindo de suas bocas a frase oculta todas as perdas dos fugitivos. Ela sugere que emigrantes poderiam abstrair-se do colapso de sua existência, da solidão e da autoevidência para sempre quebrada, já que a língua materna no cérebro, enquanto pátria a tiracolo, pode compensar tudo. Não se pode, é-se obrigado a levar sua língua materna. Só se a pessoa estivesse morta não a teria consigo — mas o que isso tem a ver com pátria?

Eu não gosto da palavra "pátria"; na Romênia ela era absorvida por dois grupos de donos da pátria. O primeiro eram os suábios, senhores da polca e especialistas em virtudes dos vilarejos; o outro, os sabujos e lacaios da ditadura. Pátria do vilarejo enquanto germanismo glorificante e pátria do Estado enquanto obediência acrítica e medo cego da repressão. Ambos os conceitos de pátria eram provincianos, xenófobos e arrogantes. Eles farejavam a traição em todo lugar. Ambos necessitavam de inimigos, julgavam de modo rancoroso, generalizante e inamovível. Ambos se consideravam importantes demais para rever um julgamento incorreto. Ambos se serviam da tortura a pessoas próximas de seus perseguidos. As pessoas do vilarejo cuspiam na minha cara após o meu primeiro livro, quando me encontravam nas ruas da cidade — ir ao vilarejo eu não arriscava mais. E no vilarejo o barbeiro anunciou ao meu avô, um homem de quase noventa anos naquele tempo, que era seu cliente semanal há décadas, que a partir de então não lhe faria mais a barba. E os camponeses da LPG[13] não queriam mais andar com a minha mãe no trator ou na carroça, castigavam-na nos infindáveis campos de milho, deixavam-na abandonada porque ela tinha a filha malvada. Por outros motivos ela acabara na mesma solidão que eu quando criança. E ela veio me visitar na cidade, procurava não me acusar com o seu choro, mas acabava acusando quando dizia: "deixe o vilarejo em paz, você não pode escrever sobre alguma outra coisa? Eu tenho de morar lá, você não". E os senhores do Estado me arrastaram para o interrogatório na cidade e encarregaram o policial do vilarejo de trancar minha mãe em seu escritório por um dia inteiro. Eu não aceitava palpites da minha família sobre o que eu deveria escrever ou dizer publicamente. Eu não lhes dizia o que estava fazendo e eles não perguntavam. Queria poupá-los dos meus riscos, cujo sentido eles não compreendiam de qualquer maneira. Porém, na prática do vilarejo e do Estado de estender a tortura a pessoas próximas de seus perseguidos, minha família foi chamada a uma responsabilidade que não lhe cabia. E eu me sentia culpada e não podia mudar nada, nem diante deles e nem do Estado retirar uma palavra sequer. Será

13. LPG — "Landwirtschaftliche Produktionsgenossenschaft": cooperativa de produção agrícola. Instituição comum nos países socialistas europeus na segunda metade do século XX. (N.T.)

que esse lugar era pátria, só porque eu dominava a língua dessas duas facções da pátria? Pois era justamente porque as conhecia que havia chegado esse ponto em que nunca desejaríamos nem poderíamos falar a mesma língua. Nossos conteúdos já eram incompatíveis na menor frase.

Eu me apoio numa frase de Jorge Semprún. Ela está em seu livro *O adeus de Federico Sánchez* e é o resumo do prisioneiro de campo de concentração e do emigrante Semprún vivendo em terra estranha durante a ditadura de Franco. Semprún diz: "Não é a língua que é pátria, mas aquilo que se fala".[14] Ele sabe do mínimo acordo interior com os conteúdos pronunciados que é necessário para pertencer. Como é que na Espanha franquista o espanhol poderia ser sua pátria? Os conteúdos da língua materna se dirigiam contra sua vida. O reconhecimento de Semprún de que PÁTRIA É AQUILO QUE É FALADO raciocina ao invés de fazer lisonjas à pátria no ponto mais miserável da existência. E quantos iranianos são atirados na cadeia até hoje por uma única frase persa. E quantos chineses, cubanos, norte-coreanos, iraquianos não podem estar em casa por um momento em sua língua materna. Ou será que um Sakharov em prisão domiciliar poderia ter a língua russa como pátria?

Quando na vida nada mais está em ordem, as palavras também despencam. Pois todas as ditaduras, seja de direita ou de esquerda, ateístas ou divinas, empregam a língua a seu serviço. Em meu primeiro livro sobre a infância no vilarejo do Banato suábio a editora romena censurou, além de tudo, até mesmo a

14. Jorge Semprún. *Federico Sánchez verabschiedet sich*. Trad. do francês de Wolfram Bayer, Frankfurt am Main, 1994, p. 13. [Nesta edição citado de: *O adeus de Federico Sánchez*. Trad. Maria Lurdes Figueiredo Castro. Porto: ASA, 1995]

palavra MALA. Ela se tornara provocante porque a emigração da minoria alemã deveria ser tabuizada. Essa apropriação venda os olhos das palavras e procura apagar o cérebro lexical da língua. A língua decretada se torna tão hostil quanto a própria humilhação. Não se pode falar de pátria ali.

Em romeno o palato se chama CÉU DA BOCA, *cerul gurii*. Em romeno isso não soa patético. Em romeno se pode insultar em longas maldições, com expressões sempre novas e inesperadas. O alemão é literalmente fechado nesse sentido. Muitas vezes pensei, onde o palato é um CÉU DA BOCA, há muito espaço, insultos se tornam imprevisíveis tiradas poéticas de amargura. Um insulto romeno bem-sucedido é meia revolução no palato, dizia a amigos romenos na época. Por isso é que as pessoas não se revoltam nessa ditadura, porque os insultos liquidam sua indignação.

Mesmo quando eu já falava o romeno fluentemente e sem erros, ainda continuava atônita, prestando atenção às ousadas imagens dessa língua. As palavras pareciam discretas, porém, ocultavam posicionamentos políticos de modo certeiro. Eram histórias contidas em diversas palavras que se contavam sem terem de ser ditas. O país estava, como em qualquer situação de pobreza, infestado de baratas. E as baratas se chamavam RUSSOS, as lâmpadas nuas, sem abajur, LUSTRE RUSSO e as sementes de girassol, CHICLETE RUSSO. As pessoas comuns se posicionavam diariamente contra o Grande Irmão através de jogos de palavras espertos e depreciativos. As relações de sentido ficavam encobertas, causavam um efeito mais satírico ainda. Quando, ao invés de carne, só havia pé de porco defumado com garras nas vendas, ele foi denominado TÊNIS. Esse tipo de manifestação altamente política não podia ser reprimido. A pobreza era o enxoval da vida diária. Quando se fazia gozação com objetos miseráveis, isso era ao mesmo tempo um deboche de si mesmo. Porém, nesse deboche também estavam contidos nitidamente os anseios e por isso ele era carismático. Com exceções: numa escola técnica onde lecionei por um tempo, um professor, ao fazer o registro de presença, chamava seus alunos de: agregado. Agregado Popescu. Na fábrica de máquinas um anão trabalhava como contínuo, ele transportava os documentos porque as três repartições da fábrica estavam espalhadas pela cidade. Quando batia na porta não era possível vê-lo, sua cabeça não alcançava a abertura de vidro. Ele era chamado na fábrica de: SENHOR-NÃO-ESTÁ. Ou ciganos que haviam deixado pra trás a miséria dos casebres de taipa e haviam conquistado um emprego de foguista ou serralheiro na fábrica, eram chamados depreciativamente de CIGANOS DE SEDA.

Admirar sem reservas o humor sempre afiado e quase sem trégua na ditadura também significa transfigurar os seus excessos. Quando o humor vem da falta de perspectiva, quando extrai sua perspicácia do desespero, desvanecem-se os limites entre diversão e humilhação. O humor necessita de pontos culminantes e, só por estes serem implacáveis, brilham. Eles brilham verbalmente. Havia pessoas que tinham piada pra tudo, eram afiados, dominavam variantes e combinações, tinham treinamento em piadas, eram profissionais em contar piadas. Porém, praticadas sem trégua, muitas de suas piadas culminavam no mais mesquinho racismo. Eles faziam do desprezo ao ser humano uma forma de entretenimento. Algumas vezes observei em colegas na fábrica que conseguiam contar piadas sem parar que essa memória não era treinada apenas no brilho verbal, mas também no ar de superioridade em relação a tudo e a todos que os rodeavam.

A arrogância que necessariamente reside no clímax das piadas tornou-se costume irrefletido. Os contadores de piadas sofriam de uma doença de profissão, estavam deformados; eles erravam o alvo sem se dar conta disso. Assim, as piadas subversivas, que atacavam o poder criminoso do Estado, caminhavam lado a lado com as racistas. Poderia ter feito uma estatística com cada piadista experiente que eu conhecia na fábrica, após quantas piadas subversivas vinha uma racista.

A mesma coisa acontece com as expressões idiomáticas ou com os ditos populares que contêm rimas perfeitas e cuja musicalidade se grava imediatamente; eles vêm tão prontos que nada neles causa perplexidade, mas se oferecem para a repetição. Também a publicidade na livre economia de mercado faz uso do efeito cômico de frases e imagens. Quando vim para a Alemanha me assustei com a publicidade de uma empresa de mudanças que diz: "Fazemos pernas para seus móveis". Eu conheço móveis com pernas enquanto marcas plantadas conscientemente pela polícia secreta. Eu vinha para casa e a cadeira do quarto havia caminhado para a cozinha na minha ausência. O quadro da parede havia caído sobre a cama, atravessando todo o quarto. No momento há um cartaz nos pontos de ônibus em Berlim com um pescoço de mulher no qual há dois buracos de tiros recentes. Do inferior brota uma gota de sangue. É publicidade para a internet. Em outro cartaz um salto de sapato pisa sobre uma mão masculina. Eu não consigo fazer outra coisa senão levar as imagens a sério, elas são ferimentos inúteis e por isso dos mais indecentes, desmando sem motivo. Um jogo desdenhoso com tortura e homicídio. Que relação tem a beleza de um sapato com o fato de ele estar parado sobre uma mão humana. A meu ver uma empresa degrada seu produto dessa maneira. Eu não conseguiria comprar o gracioso sapato do cartaz por causa da história da mão pisada que o acompanha. A mão pisada nunca mais poderá ser separada do sapato. Ela é até maior do que o sapato, ela atormenta minha memória. As cores e as costuras do sapato se foram, mas a mão sobre a qual se estava pisando permaneceu bem clara na cabeça. Não preciso olhar nunca mais para o cartaz e mesmo assim posso indicar exatamente como o homem posiciona a mão quando ela é pisada. A escolha da memória não me admira, ela é como deve ser: diante da brutalidade toda beleza perde seu sentido próprio, ela vira ao contrário, torna-se obscena. Assim é com pessoas bonitas que maltratam outras, com belas paisagens nas quais habita miséria humana, e assim é também com sapatos de jacaré no asfalto, mesmo que o clip-clap de belos sapatos me vire a cabeça. A publicidade do sapato me perturba com a lembrança de pessoas reais que foram torturadas na ditadura, que eu vi desmoronarem. Esse gracioso sapato de jacaré no cartaz, para mim ele é capaz de tudo. Ele nunca poderia se tornar meu, nem dado de presente poderia aceitá-lo. Nunca teria a certeza de que esse sapato não acabaria repetindo o seu costume de pisar em mãos sem eu perceber.

Uma publicidade dessas só pode ser criada por alguém que em momento algum se apercebe de que violência dói e mutila pessoas. Carregar um sapato com essa história não é um refinamento da estética, mas sua degradação por meio da brutalidade. O tamanho e o silêncio desse tipo de cartazes de publicidade é um programa cotidiano para os olhos. Os cartazes difamam seu produto com a intenção de supervalorizá-lo. O silêncio e o tamanho desses cartazes se aninham no crânio. Seja esperando pelo ônibus, empurrando um carrinho de bebê ou carregando uma sacola de compras por ali, diminui, a cada dia, o importante escrúpulo com relação à dor alheia. Tão silenciosamente como os cartazes, o reconhecimento da brutalidade vai escorregando para baixo da medida civil a ser preservada. Enquanto os cartazes insistem diante dos meus olhos, gostaria muito de perguntar aos publicitários e aos fabricantes de sapatos: vocês podem responder pela direção que estão tomando, onde está o fim do sapato de jacaré para vocês?

Diariamente decido ignorar os cartazes e mesmo assim acabo olhando. Portanto, de um modo cínico, a publicidade funciona muito bem comigo. Só as consequências são contrárias. Com clientes como eu, que gostariam tanto de ter os sapatos de jacaré, caso eles não estivessem comprometidos com essa publicidade, não se conta. Temo que os produtores de cartazes não sejam inocentes, mas realistas: a maioria dos clientes não vê nada de mau nos cartazes, não cria aversão, mas é incentivada a comprar. Daqueles poucos em quem se dá o efeito contrário, pode-se prescindir tranquilamente.

Muitas vezes vi meu pai, antes de sair de casa, cuspir sobre os seus sapatos e espalhar a saliva com um pano. Os sapatos cuspidos brilhavam. Saliva se aplicava para picadas de mosquitos, ferimentos de espinhos, queimaduras, cotovelos e joelhos ralados. Com saliva se limpavam pequenas sujeiras nas meias e nas bordas de casacos ou alguma sujeira da pele. Quando criança eu pensava: saliva é bom pra tudo. No verão ela é refrescante sobre a pele e no inverno é morna. E então eu havia lido a respeito do treinamento disciplinar da SS e do exército alemão. Botas brilhantes faziam parte. E eu pensava quando meu pai cuspia sobre os sapatos: isso ele aprendeu com os nazistas. É nos pequenos detalhes impensados que se vê que o soldado da ss está incorporado nele. Então eu já sabia de amigos que tiveram de servir ao exército romeno antes da faculdade, que nesse exército miserável também reinava a mania da limpeza de sapatos. Os soldados não tinham balas para treinar nas manobras, porque eram muito caras, mas eles tinham saliva na boca. Quanto menos se conseguia treinar o tiro, mais se treinava a limpeza dos sapatos. Não havia graxa para sapatos no país. Um amigo que era tocador de viola teve de limpar os sapatos dos oficiais durante três dias, até sua garganta ficar totalmente seca de tanto cuspir e suas mãos estarem cheias de bolhas, a ponto de não poder praticar sua viola nas próximas semanas.

Faz pouco tempo que li algo bem diferente sobre soldados e cuspe. Péter Nádas escreve sobre a invasão do exército húngaro juntamente com as forças militares do Pacto de Varsóvia, em 1968, na Tchecoslováquia, quando a Primavera de Praga foi derrotada, que "os limpadores de para-brisas dos carros húngaros não funcionavam mais de tanta cuspida e os soldados húngaros atrás dos vidros tremiam e choravam [...]".[15] Cuspe como arma dos civis contra um exército.

Na língua do vilarejo se dizia, quando uma criança era muito parecida com o pai ou com a mãe: a criança é como se fosse cuspida da cara do pai (ou da mãe). O lugar de onde eu venho deve ter tido uma relação estranhamente descontraída com o cuspe. Se não fosse assim, essa expressão em si ofensiva não teria sido percebida como declaração objetiva ou até mesmo simpática.

15. Péter Nádas: "Parasitäre Systeme". In: *Neue Zürcher Zeitung*, 4/5 de novembro de 2000.

Mas na mesma região também se falava sobre uma pessoa: ela é má como o cuspe. E nessa frase tão concisa estava o maior xingamento que se poderia expressar sobre alguém. Cuspir e falar estão relacionados. Como mostra o exemplo de Nádas, a cuspida começa onde nenhuma palavra é suficiente para expressar o desprezo. Cuspir em alguém ultrapassa qualquer xingamento. Cuspir em alguém é uma dura luta corporal.

Como em romeno e na maioria das línguas latinas quase tudo tem um som macio e uma palavra facilmente se encaixa na outra por rima, não havia situações que não tivessem a sua rima, seu dito, sua expressão. Declarações redondas acompanhavam quedas e quebras ao longo do dia. Como no caso das piadas, tinha-se de ouvir duas vezes e decidir se aquilo deveria ser adotado ou se nunca se colocaria isso na boca. "Um cigano é de longe um ser humano" dizia-se com tanta frequência quanto se dizia na primavera: "Agora cada dia ficará um ranúnculo[16] mais longo". Quando ficava claro até cada vez mais tarde, ou no outono: "Agora cada dia ficará um ranúnculo mais curto". Em cada língua a criatividade das expressões oscila entre a bofetada e a pata de veludo das palavras.

Um conhecido do sul da Alemanha me contou uma história sobre a Alemanha pós-guerra de sua infância. As bombinhas presas a rastilhos que até crianças atiram na noite de São Silvestre se chamam JUDENFÜRZE [peidos de judeus]. Quando ele ouvia a expressão, entendia JUDOFÜRZE e acreditava que o nome das bombinhas tivesse a ver com o esporte, com JUDÔ. Até os seus dezessete anos ele acreditava nisso e em todos esses anos em

16. "Hahnenfuss": planta que floresce entre agosto e setembro, muito comum no verão europeu. (N.T.)

casa e na loja, ao comprar bombinhas, pedira JUDOFÜRZE. Em todo esse tempo nem pai e mãe nem vendedor algum o corrigiram. Quando descobriu o verdadeiro nome das bombinhas, disse-me o conhecido, envergonhou-se diante de si mesmo por cada bombinha de São Silvestre estourada. Seu pai já estava morto quando ele descobriu o nome antissemita. Sua mãe ainda vive, disse, mas ele não seria capaz até hoje, de perguntar como ela ainda podia continuar, depois de Auschwitz, dizendo sem constrangimento JUDENFÜRZE para bombinhas de São Silvestre. Por que não podia perguntar à sua mãe, eu quis saber. Ele deu de ombros.

A língua nunca foi e nunca é, em tempo algum, um terreno apolítico, pois ela não pode ser separada daquilo que uma pessoa faz com a outra. Ela sempre vive no caso específico, cada vez é preciso estar à espreita para arrancar-lhe o seu intento. Nessa indissociabilidade da ação ela se torna legítima ou inaceitável, bonita ou feia, também se pode dizer: boa ou má. Em cada língua, isto é, em cada modo de falar estão fincados outros olhos.

# 2

# O REI SE INCLINA E MATA

Muitas vezes me perguntam por que aparece tantas vezes o rei e tão raramente o ditador em meus textos. A palavra "rei" soa macia. E muitas vezes me perguntam por que aparece tantas vezes o barbeiro em meus textos. O barbeiro mede os cabelos, e os cabelos medem a vida.

No romance *Der Fuchs war damals schon der Jäger* uma criança pergunta ao barbeiro:

> Quando o homem que jogou o gato vai morrer? O barbeiro meteu uma mão cheia de bombons na boca, quando o homem já cortou tanto cabelo que dá para encher um saco, ele disse, um saco bem cheio. Quando o saco estiver tão pesado quanto o homem, daí ele morre. Eu coloco o cabelo de todos os homens num saco, até o saco ficar bem apertado, disse o barbeiro. Eu não peso o cabelo com a balança, eu peso com os olhos.[1]

1. Herta Müller, *Der Fuchs war damals schon der Jäger*. Berlim: Fisher, 2001, p. 19. (*Naquele tempo a raposa já era o caçador*. Tradução de Claudia Abeling. São Paulo: Biblioteca Azul, no prelo.)

O barbeiro, os cabelos e o rei se associaram muito antes de eu conhecer o ditador e antes que eu começasse a escrever.

Quando o rei vivia, parecia com um bezerro e com um cão
e quando ele morreu, a coroa ficou grudada meio bile meio melão
sob o cabelo as chuvas de verão deixam seus anjos desaparecidos
entre os talos de milho todos eles guardas fugidos
que já estiveram com o rei

Não existia uma estrada de asfalto que levava ao vilarejo onde eu me criei, só caminhos malcuidados e poeirentos. Mas o rei conseguiu chegar, senão não teria me encontrado lá. Ele não tinha nada a ver com os reis dos contos de fadas, eu não tinha livros de contos de fadas. Ele se compôs de coisas que, por serem vividas, eram reais. Ele veio do jogo de xadrez do meu avô, e o jogo de xadrez tinha a ver com o seu cabelo. Na Primeira Guerra Mundial meu avô foi soldado, acabou prisioneiro de guerra e esculpiu ali um jogo de xadrez para si.

O prisioneiro de guerra estava perdendo cabelo aos tufos e o barbeiro da companhia tratou seu couro cabeludo com o suco de folhas espremidas. O barbeiro tinha uma paixão, onde e sempre que possível ele jogava xadrez. Ele havia levado o seu jogo de xadrez de casa para a guerra. Porém, em meio ao caos do *front* o barbeiro acabara perdendo sete peças de xadrez. Ao jogar elas tinham de ser substituídas por casca de pão, penas de pássaros, pedacinhos de galho ou pedrinhas. Quando, após algumas semanas de tratamento, o cabelo do meu avô voltou a crescer e a se fortalecer como jamais fora antes, refletiu como poderia agradecer ao barbeiro. Aí lhe chamaram a atenção duas árvores no campo dos prisioneiros, uma com uma madeira branca como cera e a outra num tom vermelho bem escuro. Ele esculpiu as peças faltantes e as deu de presente ao barbeiro. Foi assim que isso começou, disse-me ele. O trabalho de esculpir o aproximara demais das peças, disse ele, parecia-lhe uma negligência não conhecer o seu papel no tabuleiro de xadrez. Ele aprendeu a jogar xadrez. Isso não só encurtava o tédio de longos dias de espera, mas dava segurança; se durante o jogo não se tinha a cabeça e os dedos na vida real, ao menos numa variante dela. O jogo servia para se transportar para fora desse tempo arrancado da vida, de volta às recordações de casa e, para adiante, na esperança de em breve retornar ao lar. E isso, sem precisar mencionar a si mesmo; encontrara abrigo nas peças do xadrez. O tempo de jogo nos dava amparo, disse ele, não se tinha de suportá-lo tão vazio quanto ele era. Após esse período de prisioneiro de guerra meu avô voltou ao vilarejo; como para o barbeiro, o jogo de xadrez tornara-se uma paixão para ele.

O treinamento na confecção das sete peças e o tempo vagaroso, disse ele, forçaram-no a continuar com o trabalho manual. Ainda havia madeira suficiente nas árvores, ele esculpiu um jogo completo de xadrez para si. Primeiro os peões, disse ele, porque antes da guerra ele fora um peão e porque ele queria voltar para casa e voltar a ser um peão.

Quando ele me contou isso fazia tempo que possuía um jogo de xadrez decente, comprado em loja. Eu tinha permissão para brincar com o esculpido por ele, do qual faltavam quatro peças. De todas as suas peças as que mais me agradavam eram os dois reis, o branco como cera e o vermelho-escuro. Com o passar do tempo a madeira havia ficado velha e suja, branco acinzentado e marrom-escuro, como a secura provocada pelo Sol e a terra molhada pela chuva. Todas as peças estavam rachadas e desconjuntadas, nenhuma se igualava à outra. A madeira fresca, quando esculpida, secava como queria em cada figura. As mais tortas, porém, eram os reis, barrigudos na frente e corcundas atrás, verdadeiramente decrépitos. Eles cambaleavam, porque a coroa na cabeça era torta e grande demais. Meu avô jogou xadrez a cada final de semana por décadas. Somente quando todos os seus amigos de jogo de xadrez haviam falecido, um a um, passou a jogar cartas aos domingos, para ter companhia. Mas então teve sorte de novo. Entra ano e sai ano ele visitava, em intervalos de poucas semanas, sua irmã que havia casado no vilarejo vizinho. E em uma dessas visitas encontrou nesse vilarejo um parceiro sério de xadrez, como dizia. Desde então ia todas as quartas-feiras de trem ao vilarejo vizinho para jogar xadrez. Muitas vezes me deixava ir com ele. Assim como em nosso vilarejo só moravam alemães, no vilarejo vizinho só moravam húngaros. O marido da minha tia-avó era húngaro e marceneiro. E o parceiro sério de xadrez também era húngaro. Meu avô podia viver duas paixões ao mesmo tempo no jogo de xadrez, pois a sua segunda paixão era falar húngaro. Eu podia ir com ele para aprender húngaro enquanto ele jogava xadrez.

O cunhado do avô, o marceneiro, usava um guarda-pó; coberto de farelo de madeira, só debaixo dos braços é que se via tecido marrom. E ele usava uma boina de farelo de madeira e têmporas e orelhas de farelo de madeira e um grosso bigode de farelo de madeira. Ele fazia móveis, pisos, portas, janelas, carrinhos de bebê que podiam ser fechados com rolos de madeira, fazia objetos pequenos como cabides, tábuas de cortar, colheres e ele fazia caixões.

Após a queda do muro era comum ver exemplos da regulamentação oficial da língua da RDA na imprensa alemã. Palavras monstruosas, quando eram repetidas em voz alta e corretamente na própria boca, elas se tornavam involuntariamente engraçadas — mal-ajambradas na construção e escangalhadas no conteúdo. "Figuras-aladas-de-fim-de-ano" chamavam-se os anjos da árvore de natal, "elementos-de-abanar" as bandeirolas que eram agitadas diante das tribunas, "bases-de-bebidas" eram chamadas as lojas de bebidas. Porém, duas dessas palavras da RDA me pareciam familiares, me lembravam as visitas na casa do tio marceneiro. Uma era o caixão, que em alemão da RDA se chamava "móvel-da-terra". O outro era o nome da repartição do serviço secreto encarregada dos dias festivos e dos funerais dos mandachuvas, ela se chamava "repartição alegria e tristeza". "Figura-alada-de-fim-de-ano" para evitar a palavra "anjo". "Elemento-de-abanar" para evitar a palavra "bandeirola", pois um diminutivo assim teria ofendido a bandeira. "Base-de-bebidas" fortalece a loja militarmente, talvez os mandachuvas matassem sua "sede por liberdade" com a garrafa. Nesses conceitos, uma ideologia tosca e sem ouvido musical criou caricaturas de palavras para si. "Móvel-da-terra" e a repartição do serviço secreto "alegria e tristeza" não soavam estranhas aos meus ouvidos. Nessas formações de palavras ouve-se o medo da morte. Pois não havia como domar a morte com a posição elevada no Estado, ela rompia a cancela entre a nomenclatura e o populacho. Saber da morte, que se tem de enfrentar individualmente e em igualdade de condições com os mortais comuns, pelo visto não deixava indiferente a eternidade coletiva da *clique* dominante. Ela se encolhia nesse único ponto fraco do seu poder que não fazia distinção entre heróis socialistas e inimigos do Estado, que encarava cada um bem pessoalmente, sem que um Marx ou Lenin, nem um Honecker e Mielke pudessem ajudar. Na criação linguística marxista "móvel-da-terra" ao invés de caixão, Deus está ao mesmo tempo incluído e excluído, ele é simultaneamente negado e considerado. É bem verdade que não se trata de "ressurreição", mas mesmo assim se projeta uma espécie de consolo sobre a morte, um prosseguimento da vida depois dela. Recebe-se o seu móvel e habita-se em seu quarto embaixo da terra. Sob esse ponto de vista é bastante lógico que o Lenin embalsamado tenha uma mansão disponível na Praça Vermelha enquanto pessoas comuns tenham de se contentar com uma quitinete.

O marceneiro húngaro com o guarda-pó de farelo de madeira colocava a palavra "móvel-da-terra" na prática sem conhecer o alemão da RDA. A partir do pragmatismo de seu trabalho o caixão se tornava um móvel em sua casa que, se alguém fosse colocado morto lá dentro, ia para debaixo da terra. Todos os seus produtos estavam espalhados desordenadamente, conforme o espaço na marcenaria o exigisse: um carrinho de bebê terminado ao lado, acima, abaixo ou até mesmo dentro de um caixão terminado. A madeira lá na oficina me mostrava todos os estágios da vida entre o nascer e o morrer. O tempo de vida estava lá em forma de braços cheios de colheres de pau, tábuas de cortar, cabides. Entre armários, criados-mudos, camas e mesas os caixões pareciam tão comuns, realmente móveis para a terra. Nada se encolhia, os objetos estavam ali, mais evidentes do que se expressos em palavras. Eles não precisavam de qualquer palavreado sobre a vida e a morte, eles eram aquilo de que se precisava para viver e para morrer.

Para mim, o marceneiro era um sabe-tudo. Aos meus olhos ele fazia o mundo. Ficou claro para mim que o mundo não era feito de céus vaguejantes e de campos de milho como relva, mas sempre da mesma madeira. Ele podia colocar madeira em todo lugar contra as fugidias estações do ano, tanto contra as estações da terra verdes quanto contra as peladas. Aqui estava posto o panóptico dos dias de morrer como material angulado e bem polido. Uma clareza em cores fechadas desde branco sujo, passando por amarelo-mel até marrom-escuro, cores que não caminhavam mais, apenas ficavam um pouco mais escuras em si mesmas, ao invés de esvoaçarem como paisagem e se esbanjarem. Elas tinham uma constituição muda, uma silenciosa determinação. Elas não me amedrontavam, ficavam tão imóveis ao se tocar nelas que a sua paz se espalhava em mim. Enquanto as estações do ano na região lá fora pressionavam uma a outra e por fim se engoliam, esses caixões na marcenaria não ofendiam a carne. Eles davam tempo ao tempo e esperavam, eram tão somente a última cama para os mortos, para que se pudesse levá-los embora. O marceneiro também possuía uma máquina de costura, ele também costurava travesseiros de defuntos para os caixões. "Damasco-branco", ele dizia, "preenchido com sombra de plaina, como para um rei." Essas longas tiras cacheadas de madeira que caíam da plaina não se chamavam "serragem", mas "sombra de plaina". Eu gosto dessa palavra. Já naquele tempo me agradava que não era folhagem, palha ou serragem que preenchia os travesseiros dos defuntos — somente a sombra das copas de árvores vivas que ainda se encontrava na madeira e que caía quando se cortava a madeira. Alexandru Vona escreve em seu romance *As janelas cimentadas*: "Quando se quer descobrir a verdade, precisa-se encontrar essas palavras que se misturaram entre as outras, que não nos dizem respeito".[2] "Sombra de plaina" é uma dessas palavras para mim.

As sombras de plaina rangiam e cheiravam a amargor. Enquanto o meu avô jogava xadrez na varanda eu fazia perucas das sombras de plaina curtas para mim na marcenaria. E cintos, babados e xales das roscas longas. Numa caixa grande havia letras douradas, elas tinham um cheiro forte de verniz. Com elas o marceneiro compunha os nomes dos defuntos e os colava sobre o caixão. Eu fazia anéis, colares e brincos com elas para mim. Hoje as sombras de plaina e as letras me assustariam. Mas naquele tempo eu havia visto tantas pessoas mortas que conhecera muito bem quando ainda vivas, suas vozes e seu jeito de andar. Durante anos eu sabia o que eles vestiam e comiam, como cavavam a terra e como dançavam. Um dia, então, estavam deitados no caixão, eram os mesmos, apenas imóveis e ansiosos pelas últimas visitas. Só mais uma vez queriam ser importantes, sacolejar pelo vilarejo na carruagem de madeira entalhada como numa varanda andante com música. Deus havia lhes exigido seu material de volta, a região os havia engolido junto com a estação do ano. Eu mal pensava neles quando pendurava as letras douradas em mim. Admirava o marceneiro por ele cuidar de os mortos receberem camas com tampas e nomes dourados e travesseiro de damasco com sombra de plaina, para eles serem carregados. Alguns caixões estavam dispostos bem juntos e verticalmente na parede, como cercas. Outros se encontravam na horizontal sobre o chão, recheados de sombras de plaina. Nem uma única

2. Alexandru Vona, op. cit., p. 200.

vez, quando eu estava de visita, foi colado um nome de letras douradas, costurado um travesseiro e preenchido com sombras de plaina, vendido um caixão. Ao meio-dia a mulher do marceneiro lhe trazia a comida e a colocava entre as sombras de plaina de um caixão para que a panela ficasse quente por mais tempo.

Na marcenaria sombras de plaina e travesseiros brancos de damasco como para um rei, e por sobre o tabuleiro de xadrez meu avô franzia a testa e moía com as maçãs do rosto. Ora ele, ora seu parceiro dava xeque-mate com o rei. E na breve viagem para casa com o último trem o céu tinha a cor incrivelmente viva da noite que não pode ser comparada com mais nada. A Lua estava pendurada como uma ferradura ou um abricó. Sobre os telhados, galos meteorológicos viajavam na direção contrária ao trem e como um monte de peças de xadrez. Algumas se pareciam com o rei. No dia posterior também as galinhas sobre a relva carregavam coroas e não cristas. Toda quarta e sábado eu tinha de matar uma galinha. Fazia-o como um trabalho qualquer, habilidosa e insensível, como descascar batatas ou tirar o pó, como um trabalho que se aprendeu para toda a vida. Era trabalho de mulher. Não maltratar uma galinha, não poder ver sangue, isso não existia. No máximo entre homens, ao fazerem a barba. E muito raramente entre mulheres, que — dizia-se — não prestavam para nada. Talvez mais tarde eu não tivesse prestado mais; naquele tempo prestava.

Eu só sonhava coisas misturadas loucamente: abro a galinha e seu ventre é um porta-joias cheio de peças de xadrez, vermelhas e azuis ao invés de brancas e pretas. Elas são bem secas e duras, elas deviam ter chacoalhado audivelmente quando a galinha ainda corria pela grama. Tiro as figuras de xadrez do ventre e arrumo-as em duas fileiras, conforme as cores. Há só um rei, ele cambaleia, se inclina. Ele é verde e fica vermelho enquanto se inclina. Seguro-o na mão e sinto como o seu coração bate. Ele tem medo e por isso dou uma mordida nele. Por dentro ele é amarelo e macio, tem carne doce como um abricó, eu o como.

As coisas tinham cada qual o seu rei, mas os reis individuais piscavam, onde apareciam, para os outros reis. Os reis não abandonavam os seus objetos, porém conheciam um ao outro, encontravam-se na minha cabeça e lá se pertenciam. Eles eram um rei repartido, que sempre escolhia outro material para si, no qual se pudesse viver: o rei de madeira no jogo de xadrez, o rei de latão no galo meteorológico, o rei de carne na galinha. Olhando-se para ele, o material que compõe os objetos experimentava aquela agudização com a qual se inicia a corrida errante na cabeça. O habitual das coisas estourava, o seu material se transformava no pessoal. Entre coisas iguais surgiam hierarquias, e elas surgiam ainda mais entre mim e elas. Eu tinha de tomar posição diante das comparações que eu abrira e só poderia levar a pior. Comparado com madeira, latão ou um vestido de plumas a pele é o material mais efêmero. Eu dependia inevitavelmente do poder ora bom, ora mau, do rei.

na casa das penas mora um galo
na casa das folhas a alameda
na casa da água um lago
um coelho mora na casa do pelo
na casa de esquina a patrulha
empurra alguém lá da sacada
sobre o pé de sabugo

e mais uma vez foi suicídio
na casa do papel mora a diligência
no coque da dama a aparência

O texto dessa colagem é um reflexo tardio sobre o rei variegado do vilarejo e com a casa de esquina da patrulha, com o assassinato que sobre o papel na diligência policial é falsificado como suicídio, o rei da cidade já está em plena ação. Ele é um rei do Estado. Ele regateia no limiar entre vida e morte: atira os que se lhe tornaram incômodos secretamente da janela, embaixo de trens ou carros, de pontes de rios, pendura-os na corda, envenena-os — encena seu homicídio como suicídio. Ele deixa os fugitivos na fronteira serem rasgados por cães farejadores treinados, deixa-os jogados ali, para que os colonos encontrem, mais tarde, durante a colheita, cadáveres em decomposição nos campos. Ele manda caçar os que fogem pelo Danúbio com navios e moê-los com as suas hélices. Peixes e gaivotas têm algo para comer. Sabe-se disso, mas nunca se pode provar o que acontece diariamente. Onde uma pessoa desapareceu resta o silêncio, parentes e amigos com os olhos grandes demais. O rei da cidade não revela as suas fraquezas, quando ele cambaleia, parece que ele está se inclinando, mas ele se inclina e mata.

meu rei não diz sem motivo
mas eu amo todos vocês
seu cão real de bicudo focinho
usa um uniforme de erva brilhosa
e uma fivela ondulada de zinco
quando a lanterna de metal neva à noite

se parecem salto e respiração
como se alguém por amor sumido
amanhecesse na barriga do cão

O rei do vilarejo "inclinava-se um pouco", ele cambaleava, como a região cambaleia. Vivia-se nessa região que se autoconsumia, até consumir também as pessoas, até que cada um morria por si mesmo. Somente o rei da cidade ofereceu a segunda parte da frase: "o rei se inclina e mata". A ferramenta do rei da cidade é o medo. Não o medo da aldeia, construído na mente, mas um medo planejado, servido friamente, que estraçalha os nervos. Após a minha chegada das franjas do vilarejo para a cidade o asfalto tornou-se um tapete sobre o qual, ao invés do panóptico dos dias de morrer, a morte planejada pelo Estado rondava os tornozelos de mansinho: a repressão. Nos primeiros anos tive mostras dela por todo lugar. Ela atingia pessoas que eu não conhecia pessoalmente. Só a temia de um modo geral, vivia muito próxima para não vê-la, mas longe demais para captar o que ela provocava. Ela corria ao meu lado, nunca através de mim nesse tempo inicial. Uma intensa compaixão para com os que ela acabara de atingir, essa comiseração espontânea que me tomava por um tempo e depois acabava desaparecendo por si só. Ficar parada com os dedos enrijecidos, fincar as unhas na palma da mão até doer, morder os lábios ao assistir como alguém que não se conhece é preso na frente de todo mundo, espancado, pisado. E então continuar andando com o céu da boca seco, a garganta quente e um passo tão rápido como se o estômago e as pernas tivessem um enchimento de ar podre. O leve sentimento de culpa por não poder impedir nada que acontece aos outros e a mesquinha felicidade pelo fato de a pena não haver atingido a gente. Ela poderia atingir a cada um que assistia, afinal, além da respiração tudo era proibido, havia incontáveis razões para cada um, onde quer que se olhasse.

Somente nos próximos anos eu teria amigos que eram seguidos e regularmente interrogados, em cujas moradias se faziam buscas, cujos manuscritos eram confiscados, que eram expulsos da faculdade e presos. O que até então sentira como uma atmosfera sufocante transformou-se em medo concreto. Os amigos eram torturados, eu sabia exatamente onde e como. Falávamos dias inteiros sobre isso, entre astúcia e temor, arrojados e transtornados procurávamos por saídas que, porém, não havia em lugar algum, já que retroceder não passava pelas nossas cabeças. As represálias penetraram na minha vida. E alguns anos mais tarde penetraram na minha pele — deveria espionar os meus colegas na fábrica e eu me recusei. E tudo que sabia dos amigos sobre interrogatórios, buscas nas casas, ameaças de morte se repetiu em mim. Aí já estava acostumada a matutar sobre como o próximo interrogatório, o próximo dia de trabalho, a próxima esquina da rua armariam as suas armadilhas.

Embora sabedora de que o aumento do olhar através do medo, a corrida errante na cabeça escapa de todas as palavras disponíveis, tanto no falar quanto no escrever, tive de oferecer postumamente algo escrito para dois amigos mortos. Como antes no vale descaradamente verde e grande demais para o cardo-leiteiro, procurei mais tarde por palavras para o medo que sentíamos juntos. Quis mostrar como é uma amizade quando não é evidente que ainda se estará vivo hoje à noite, amanhã cedo, semana que vem:

> Como tínhamos medo, Edgar, Kurt, Georg e eu ficávamos juntos todos os dias. Comíamos juntos à mesa, mas o medo permanecia individualmente na cabeça de cada um, do jeito que o trazíamos quando nos encontrávamos. Ríamos muito para escondê-lo uns dos outros. Mas o medo escapa. Quando conhecemos o seu rosto, ele entra na voz. Quando conseguimos imobilizar o rosto e a voz feito algo que morreu, ele escapa até pelos dedos. Atravessa para fora da pele. Fica solto por aí, enxergamos o medo nos objetos que estão por perto.
>
> Enxergávamos em que posição estava o medo de cada um, pois já nos conhecíamos havia algum tempo. Frequentemente não conseguíamos nos suportar, porque dependíamos uns dos outros [...].[3]

O agente perguntava debochadamente no interrogatório: "o que você pensa que é". Não era uma pergunta, mas por isso mesmo eu aproveitava a oportunidade para responder: "sou um ser humano como o senhor". Isso era necessário mesmo e importante para mim, pois sua pose era tão autoglorificante como se ele o tivesse esquecido. Nos trechos turbulentos do interrogatório ele me chamava de merda, porcaria, parasita, cadela. Quando estava mais moderado, puta ou inimiga. Nos períodos mais inofensivos do interrogatório eu representava o preenchimento do seu horário de trabalho, esse trapo que se amassa para mostrar aplicação e competência. Muitas vezes treinava a destruição em mim porque o seu dia de trabalho ainda duraria horas; para não

3. Herta Müller. *Fera d'alma.* [Em alemão, *Herztier.*] Trad. Claudia Abeling. São Paulo: Biblioteca Azul, 2013, pp. 80-1.

ficar plantado sozinho no escritório me mantinha lá, remoía tudo irônica ou cinicamente o que já havia sido dito mil vezes aos berros. Eu tinha de ficar para que o relógio não lhe andasse no vazio, para que não pudesse recair sobre si mesmo. Após cada ataque de fúria praticava a caça humana em mim do jeito para ele repousante, descontraído, para não ficar fora de forma. Ele tinha rotina em todos os estados de ânimo. A pergunta da infância: "o que vale a minha vida", tornou-se obsoleta. Uma pergunta assim só deve vir de dentro. Quando é proposta de fora, fica-se rebelde. Já por teimosia começa-se a amar a sua vida. Cada dia adquire um valor, aprende-se a gostar de viver. Afirma-se a si mesmo que se está vivo. Justo agora se quer viver. E isso basta, é mais sentido de vida do que se possa imaginar. É um sentido de vida testado, válido como a própria respiração. Também essa gana de viver, que cresce por dentro contra todas as circunstâncias externas, é um rei. Um rei obstinado, eu o conheço muito bem. Por isso nunca o mencionei textualmente, mantive seu nome encoberto. Inventei "Herztier" [fera d'alma] para ele, para referir-me a ele sem ter de pronunciá-lo. Somente muitos anos depois, quando aquele tempo estava suficientemente longe de mim, passei da palavra "fera d'alma" para a palavra "rei" propriamente:

e o rei se inclina um pouco
e a noite costuma chegar a pé
e do teto da fábrica para dentro do rio
brilham dois calçados
tão logo pálidos como neon e invertidos
e um com sua pisada cala a nossa boca
e outro deixa os ossos amaciados

e pela manhã os calçados de neon extintos
a maçã alegre o bordo arrebata
as estrelas no céu viajam como pipocas
e o rei se inclina e mata

A rima da linguagem do vilarejo me levou ao rei desde o início: "*allein* [sozinho] — *wenig* [pouco] — *König* [rei]" eu já rimava no vale junto às vacas: "*alleenig* [sozinho na forma dialetal] — *wenig* [pouco] — *Kenig* [rei na forma dialetal]". A rima e o rei do xadrez de meu avô. Do dialeto conheço rimas populares de panos de parede, orações, regras climáticas. Quando criança eu as levava a sério, quando adolescente na cidade as ironizava. No ensino médio fazia-se mau uso das baladas de Goethe e de Schiller. Elas eram repetidas à exaustão, com o cérebro desligado, sem qualquer pensamento na cabeça, com o acento na última sílaba. Era como o compasso de bater tapete na cabeça. "durch Nacht und Wind? / Es ist der Vater mit seinem Kind" ou "Leonore fuhr um's Morgenrot / Empor aus schweren Träumen: / Bist untreu, Wilhelm, oder tot? / Wie lange willst du säumen?".[4] E piores ainda eram os poemas rimados do partido: "ich lieb das Land, das man mir anvertraute / und dir und dir und jedem, der hier schafft, / und seine Sprache spricht die Mutterlaute / für Frieden, Sozialismus, Glück und Kraft".[5] A rima tropeçava, não era possível conseguir um compasso de bater tapete. Quando se

4. "pela noite e pelo vento? / É o pai que vai levando o seu rebento" (Balada "Erlkönig / Rei dos Elfos" de Goethe); "Leonore assustada amanheceu / com esse sonho de perturbar / 'Você é infiel ou já morreu? / quanto tempo inda vai demorar?'" (Balada "Leonore" de Gottfried August Bürger). (N.T.)

5. "eu amo a terra que em mim confia / em ti e em quem no labor se apraz / e sua língua fala sua melodia / para socialismo, bem estar, força e paz." (N.T.)

declamava em voz alta as seis ou sete estrofes seguidas isso soava como buracos pela cabeça. Eu sofria de uma aversão rimática. Só mais tarde fui ler as frágeis rimas de Theodor Kramer e de Inge Müller. Senti compassos cautelosos e vulneráveis, como se a respiração me batesse na caixa das têmporas com essa forma de rimar. Fiquei obcecada por esses poemas, sabia dúzias deles de cor sem jamais havê-los estudado conscientemente. Eles olhavam para a minha vida, era isso, falavam comigo e se fixavam por si na cabeça. Eu gostava tanto deles que nem me arriscava a olhar como eram feitos. Ainda hoje eu acredito que não se consegue compreender a peculiaridade desses dois autores com um olhar acurado. Depois comecei a recortar palavras de jornal. Inicialmente não tinha o objetivo de fazer rimas. A intenção no começo era apenas dar um alô aos amigos nas minhas muitas viagens, colocar algo próprio no envelope e não cartões-postais que fotógrafos haviam retratado com as lentes patrióticas locais. Durante a leitura do jornal no trem, colava algum fragmento de imagem e palavras sobre um cartão em branco ou uma, duas frases: "a teimosa palavra PORTANTO", ou: "Se de fato existe um lugar, ele toca o desejo". Somente a perplexidade com o que palavras soltas de jornal podem render trouxe o rimar consigo. Há tempo já recortava palavras também em casa. Ao acaso, como me parecia, elas estavam sobre a mesa. Comecei a observá-las e surpreendentemente muitas rimavam. Confiando nas rimas de Theodor Kramer e de Inge Müller, aceitei as rimas pelas quais nada havia feito, que casualmente haviam se encontrado sobre a mesa. Eram palavras que iam se conhecendo mutuamente, já que tinham de dividir o espaço onde estavam. Não podia espantá-las dali e comecei a gostar de fazer rimas.

Desde o início nunca conseguia deixar a palavra "rei" parada em qualquer texto. Sempre estava aficionada por ela; recortava todos os "reis" de cada texto em que eles apareciam. Certa vez contei os reis sobre a mesa; tinha 24 reis deitados lado a lado antes de deixar o primeiro rei entrar num texto. Quando ele teve a permissão para entrar, a rima deu o seu início. Ficou evidente que é possível dar conta do rei através de rimas. Pode-se expô-lo. A rima o obriga a recuar para dentro dos compassos do coração acelerado que ele provoca. A rima produz acesso direto à perturbação que o rei provocou. A rima causa alarde e disciplina ao mesmo tempo. O verso todo pode mudar, entrar em cumplicidade com outros versos. Podem-se pentear as rimas a contrapelo, escondê-las no meio das frases, espacialmente portanto, e assistir como elas logo engolem de volta o que expõem. E no fim da frase pode-se colocar peso nelas, mostrá-las espacialmente, mas não pronunciá-las na leitura, escondendo-as, portanto, na voz.

O rei estava na minha cabeça desde a infância. Ele estava enfiado nas coisas. Mesmo que eu nunca tivesse escrito uma palavra, ele teria estado presente para resolver as novas complicações dos dias, enquanto motivo condutor, embora malévolo, bem conhecido. Onde o rei se apresentava não se podia contar com qualquer preservação. Ainda assim ele organizava a vida; quando o caos escapava ao dizível, dava conta dele mesmo sem palavras. O rei desde sempre foi uma palavra vivida, não havia como dar conta dele por meio da fala. Despendi muito tempo com o rei e naquela época existia, além do mais, ou principalmente, o medo.

Ao contrário do "rei" a "fera d'alma" é uma palavra escrita. Ela adveio do papel, ao escrever, como substituto para o rei, porque tinha de procurar uma palavra para a gana de viver em meio ao medo da morte, uma que eu não possuía naquela época em que vivia mergulhada no medo. Eu queria uma palavra de dois gumes, tão de dois gumes quanto rei deveria ser. Tanto timidez quanto arbitrariedade deveriam estar contidas nela. E ela deveria entrar no corpo, uma parte especial das entranhas, um órgão interno que pudesse ser carregado com todo o exterior ao redor. Queria referir-me ao imprevisível que há em cada ser humano em particular, ao mesmo tempo em mim e nos poderosos. Algo que não se conhece a si mesmo, que se deixa empalhar de diferentes formas. Conforme o que a corrente dos acasos e dos desejos faz de nós, ele fica manso ou furioso.

Na minha primeira noite de São Silvestre na Alemanha o rei apareceu de repente no meio da festa. Os convidados começaram a derramar chumbo. Eu assistia como o chumbo derretido caía da colher na água fria e endurecia, formando alguma imagem imprevisível. Estava claro que era exatamente o que acontecia com o rei e é exatamente como deveria ser com a fera d'alma. Pediram-me que eu também derramasse o meu fantasminha de chumbo para o novo ano e não arrisquei fazê-lo. Retirei-me da roda com risos, para que não suspeitassem dos motivos: com os nervos estourados não se deve derramar chumbo. Os outros participantes eram impelidos por uma luminosa fantasia. Eu já havia imaginado demais. Por medo de que o fantasma de chumbo pudesse me boicotar a fera d'alma, importunar-me e paralisar-me o ano inteiro quando tento dominar a fera d'alma, eu me recusei a derramar chumbo. Mas também, e essa talvez seja a extensão do mesmo problema, porque pensei: Eles todos querem ver a partir de um objeto que me rasteja da colher, como estou estourada por dentro e como eu me debato para conseguir formular o meu estado interior com a palavra "fera d'alma".

Em *The Women in the Window* [*Encontros perigosos*], um filme sufocante de Fritz Lang, é dito: "A gente se depara com situações com as quais não contava alguns minutos antes". Eu havia contado, a saber, com o fato de que uma brincadeira de derramar chumbo pudesse me mostrar algo com o que eu não queria contar.

O rei me seguiu primeiro do vilarejo para a cidade, depois da Romênia para a Alemanha, como reflexo das coisas que para mim jamais se esclareceriam. Ele personificava toda a extensão das coisas; quando não há mais palavra que sirva na corrida errante do pensamento, digo até hoje: opa, lá vem o rei.

Quando um dos meus amigos foi encontrado enforcado em seu apartamento, eu já estava aqui na Alemanha. Lá onde tive de deixar amigos para trás, mais uma vez o rei havia se inclinado e matado. Roland Kirsch morto, um engenheiro civil, 28 anos de idade, falava pouco e baixo, não chamava muito a atenção para si, escrevia poemas, fotografava, não cortou a amizade comigo como outros, nem no tempo em que eu era inimiga do Estado na Romênia e nem depois da minha saída do país. Ele me mandava cartões para Berlim, sabendo o que arriscava com isso. Eu desejava que ele deixasse a nossa amizade em suspenso, que não se colocasse em perigo, eu tinha medo por ele. Tanto mais me alegrava em meio a esse medo quando chegavam os seus cartões — eles eram um sinal de vida. Seu último cartão, poucas semanas antes de sua morte, era uma fotografia em preto e branco — uma rua pela qual andávamos muitas vezes. Ela havia se transformado muito desde a minha saída, um trilho de bonde havia sido colocado. Os novos trilhos já estavam encobertos por cenouras-selvagens na altura do quadril. Elas floresciam com filigranas sombrinhas brancas. Elas me mostravam o risco que o amigo corria e que eu levara os meus pés embora de lá; nossa proximidade rasgada ao meio, a espontaneidade confiscada da nossa relação, pois nunca podíamos nos tornar diretos ao escrever, ao ler procurávamos os nichos nas palavras, o que se poderia dizer com o quê. A imagem da nossa separação nas cenouras-selvagens. Pensei que talvez todas as plantas que assistem à falta de perspectiva das pessoas se tornam cenouras-selvagens. No verso do cartão estava uma única frase, em letras diminutas, que não se propunha mais a preencher a superfície disponível para a escrita: "Às vezes preciso morder no dedo para sentir que ainda existo".

Pouco tempo depois ele não existia mais. A frase pesa mais do que é permitido a todas as suas palavras dizerem. E ela leva ao lugar onde as palavras não suportam mais a si mesmas, nem mesmo aquelas que se precisa empregar para poder citá-la. Pois não é a frase, mas essa pessoa. E possivelmente nenhuma pessoa esteja tão contida numa frase como ele tem de estar nessa, pois foi forçado para dentro dela. Como a frase também é a data de sua morte: 1º de maio, maior feriado socialista, "dia do trabalho". No dia do trabalho um ditador obstinado pela tortura de pessoas e por construções monumentais se livrou de um engenheiro civil. A mim o rei estrangulou quando recebi a notícia. Como deve ser quando se está em casa tarde da noite, alguém bate à porta, abre-se e se é enforcado. Hoje os vizinhos dizem que teriam ouvido os gritos de várias vozes. Ninguém foi lá para ajudar. A autópsia foi negada, o rei não mostrava o jogo. A diligência oficial registrada na certidão de óbito diz: suicídio. Fica a pergunta:

será que pretendiam enforcá-lo desde o início. Será que ele se defendeu e então foi forçado a colocar a cabeça no laço. Ou será que ele acabou morrendo nas mãos deles naquela noite, durante o interrogatório ou tortura e eles não sabiam o que fazer com o morto e o penduraram na corda. Será que eles o fizeram intencionalmente ou por susto após o descarrilamento de seus planos, por desprezo ou mesmo por divertimento. Será que os assassinos eram agentes oficiais do serviço secreto ou pagos para isso ou, quem sabe, apenas criminosos coagidos?

Sob o choque dessa morte me veio à memória como que um eco, um caso invertido da infância, talvez por causa da autópsia negada: o rei das amoras do vilarejo. Esse sem sombra de dúvida havia se enforcado sozinho, mas a autópsia foi forçada. Como doente de câncer em estágio terminal ele só recebia injeções de penicilina do médico, porque a morfina estava em falta. Ele não aguentou mais as dores dilacerantes, marcou um encontro com a morte. No seu quintal havia uma amoreira, embaixo dela uma escada. Todo ano suas galinhas eram treinadas a dormir na árvore. Elas subiam toda noite pelos degraus da escada até a coroa, sentavam-se em fileiras para dormir sobre os galhos. Quando amanhecia elas desciam pela escada para o quintal. A filha do falecido disse que através do adestramento que durava semanas ele ficava muito familiarizado com as galinhas. Elas não se incomodaram quando ele se enforcou na árvore delas. Nada de esvoaçar, nada de gritar, não se ouviu um som no quintal aquela noite. Por volta das três da madrugada ela quisera ver como ele estava. Ali estava o pijama deitado sem ele na cama, o guarda-roupa aberto e o cabide do seu melhor terno vazio. Sua primeira ideia fora de que ele quisera ir ao quintal para refrescar as suas dores. Mas por que com o terno do domingo? Ela arriscou-se para fora, o luar tirava o quintal inteiro da escuridão. As galinhas estavam sentadas como sempre lá em cima na amoreira, as brancas, especialmente as brancas, disse ela, reluziam como louça de porcelana numa vitrine E ele estava pendurado debaixo delas no galho. O enforcado era um vizinho meu. Inúmeras vezes quando via essa árvore nos anos seguintes, iniciava a corrida errante na cabeça, eu pronunciava a frase sempre idêntica para dentro da cabeça: eles usaram a mesma escada, as galinhas e ele.

O médico da penicilina não se acusou de nada. Ele se atreveu a duvidar do suicídio, insistiu na autópsia. Despiu o morto, já vestido, da dignidade do melhor terno, pavoneou-se como grande especialista e autopsiou o falecido num dia quente de verão ao lado da escada da amoreira sobre uma mesa de abate no meio do quintal. Por isso o caixão teve de ser fechado assim que o morto retalhado foi colocado na sala de sua casa. Apesar disso eu imaginava que podia ver a marca preto-azulada ao redor do seu pescoço, azul-índigo como as amoras lá fora na árvore. Como a crista de cada galinha a marca em seu pescoço era, agora, a sua coroa. O morto havia rescindido a companhia a sua carne, havia entrado em outro silencioso material, transferira-se para a carne da fruta. Com a marca escura no pescoço e o melhor terno ele fizera de si a maior amora que jamais existiu em árvores. Ele foi como o rei das amoras para debaixo da terra.

No romance *As janelas cimentadas*, de Alexandru Vona, voltou a aparecer, inesperadamente através das linhas, o rei das amoras. Aqui ele é uma mulher, a marca azul do enforcamento é antecipada pela sua joia no pescoço. Apesar disso também está fincado em seu pescoço o rei das amoras da minha infância.

> Enquanto ela esvaziava o copo que meu pai lhe havia oferecido, percebi em seu largo pescoço o colar de veludo preto, no qual estava pendurado um medalhão. Um mês mais tarde ficamos sabendo que papai não havia se enganado. Perguntei-lhe como ela se matara. Na verdade a minha pergunta era mera formalidade porque eu sabia, o colar preto diante dos meus olhos, que ela se enforcara. [...] O colar muito apertado (já colocando-se apenas um dedo por trás ela teria sufocado) talvez fosse o motivo pelo qual ela se mantinha tão ereta.[6]

Após o enforcamento do amigo passei a ver todos os laços em todos os lugares com outros olhos. Eu os evito até hoje, em ônibus não toco em alças de apoio. Se um casaco está pendurado num cabideiro, ele tem, por um instante, como se houvesse um estalar de dedos no cérebro, pés que, então, desaparecem de novo. Comprei um postal no estande de cartões de um saguão de estação de trem, sobre o qual é explicado o feitio dos diferentes tipos de nó de gravata. Os diversos nós são todos laços evidentes, que ficam ao redor do pescoço sob a gola da camisa. Foi leviandade minha; durante a compra imaginei que poderia insurgir-me contra o desfile de todos os nós. Eu queria me livrar do horror, olhar propositadamente por tanto tempo até que ele perdesse o efeito. Não consegui mandar o cartão para ninguém. Em casa empurrei-o para baixo de um monte de papéis numa gaveta. Lá ele está há anos. Não consigo usá-lo e não consigo me livrar dele.

Assim como a elite do poder encenava seus homicídios como suicídios, ela também fazia o contrário quando se tra-

6. Alexandru Vona, op. cit., pp. 248 ss.

tava de seus próprios representantes, apresentava os suicídios de altos mandachuvas como acidentes. Os funcionários do alto e do médio escalão do país inteiro deveriam ou queriam imitar o caçador maior, Ceauscescu. Assim a caça se tornou o esporte dos funcionários, uma espécie de atividade partidária na floresta. Mesmo os mandachuvas das províncias mais insignificantes saíam para caçar. Quando um dos mandachuvas de Timisoara, farto de sua vida, esperou pelo instante em que estava só e, chegado o momento certo, ao invés de mirar um veado na floresta mandou uma bala na própria boca, apareceu "na casa de papel" do jornal que ele fora arrancado da vida por um trágico acidente de caça. Entretanto, meus amigos e eu conhecíamos uma estudante cujo pai estivera junto nessa caça. Como vivíamos com ameaças de morte e tínhamos de considerar os nossos dias dimensionados pelo Estado, extraíamos muito humor amargo de notícias assim. Meu amigo, o engenheiro civil que quatro ou cinco anos mais tarde foi enforcado e hoje consta como suicida nos autos, disse naquela ocasião a respeito do "acidente de caça": "É bem verdade que o caçador aponta para a direção em que corre o veado; é que para esse caçador o veado correu pelo céu da boca". Fizemos nossas piadas com o "veado do céu da boca". Piadas assim clamavam por continuidade, uma coisa levava à outra: "Melhor o pássaro na mão do que o veado na boca" ou "Melhor a igreja no vilarejo do que a escuta sob o armário, mas melhor a escuta sob o armário do que a tampa sobre o caixão". Cada um acrescentava algo, surgia esse conto de fadas de improviso, um mosaico de imagens esporádicas, trunfo sobre trunfo, cada um batendo a si mesmo, ensaios poéticos espontâneos no grupo, sarcásticos até não mais poder, para domar o medo que todos nós tínhamos. A dinâmica surgia porque cada um tinha de aumentar o que fora dito antes um pouco mais em direção ao absurdo. Um produto desses iniciava bem comportado, como um conto de fadas alemão deve começar: "Era uma vez"; e então se dava continuidade: "Era uma vez, como jamais fora". Assim iniciam todos os contos de fadas em romeno. E só esse início clássico de conto de fadas romeno, que acabava apontando para as mentiras mal tecidas do regime, já era motivo suficiente para darmos altas risadas. Então se continuava passo a passo: "Era uma vez do jeito que era. E isso foi naquele tempo, quando era, do jeito que jamais havia sido. Era uma vez, quando era indiferente o jeito como era. E era uma vez, em que não se sabe quantas vezes já fora como jamais havia sido. Mas era uma vez na caçada, que foi a última vez, um caçador com outros caçadores, dos quais não se sabe quantos eles eram. Quando, por todos os lados, embora não se saiba quantos lados existiam, não havia qualquer outro caçador, além daquele, do qual não se sabe qual caçador entre quantos caçadores ele era..." As relativizações tinham de crescer, eram conduzidas ao extremo, as frases tornavam-se labirintos. Em algum ponto do emaranhado tinha de aparecer o céu da boca do caçador, nu, tenro e rosado correndo sobre o duro chão da floresta, encontrar um veado, crescer, ganhar pelo e chifres e tornar-se incrivelmente parecido com o veado e, por engano, ser abatido pelo seu dono. E então se continuava: "O céu da boca e o veado se pareciam um com o outro como uma floresta com a outra, como uma árvore e galho e folha com as outras, como uma bandeira e uma ervilha com a outra, enfim, como um companheiro com o outro." Tínhamos uma visão ampla nos nossos labirintos fraseológicos, possuíamos uma espécie de soberania territorial, inseríamos tantas trilhas e desvios até que nossas cabeças zuniam.

Inventei as frases agora, pois faz tempo que esqueci as de então. Mas é assim que poderiam ter sido. A discrepância entre o medo da morte e a gana de viver provocava o rei. Nos exercícios poéticos nos tornávamos ávidos por vida. Piadas drásticas para o desmantelamento imaginário do regime. Autoencorajamento, porque aqueles de quem dávamos risada poderiam acabar com as nossas vidas a cada dia. As histórias de humor construídas coletivamente eram uma alegria alcançada de modo divertido, mas, mais ainda, roubada. Os aparelhos de escuta dos quais zombávamos existiam no quarto, nossas conversas eram ouvidas. E em algum momento quando já se havia esquecido a sua parte e a dos outros, no enésimo interrogatório, os agentes tomavam de volta para si esse tempo. Palavra por palavra entrava no acerto de contas, o todo ainda (geralmente mal) traduzido para o romeno. Aí não havia mais sombra de humor, éramos confrontados um após o outro, cada um individualmente, com a análise de nossas "declarações antipatrióticas" pelos agentes do serviço secreto. Isso levava a metade do dia, até que a própria cabeça não sabia mais a quem pertencia. Quando finalmente éramos dispensados, reuníamo-nos de novo para refletir a respeito da melhor forma de nos portarmos, como negar o que se disse sem acusar o outro O que me incomodava era que com a tradução para o romeno as nossas histórias, embora não menos comprometedoras politicamente, acabavam literariamente mutiladas. Não havia mais sombra de poeticidade. Com a repetição por horas e horas a fio acabava-se, pouco a pouco, lembrando tudo outra vez e ficava-se com vontade de reparar a perda poética. Mas a correção instintiva dos danos poéticos tinha de ser contida, pois isso representaria uma autodelação.

O agente me dizia triunfante a cada interrogatório, quando na opinião dele havia me dado o xeque-mate, a frase: "Viu, as coisas se encaixam". Sem saber ele tinha razão, ele não sabia quantas coisas na minha cabeça se encaixavam contra ele. Já o fato de ele sentar junto a uma enorme escrivaninha polida e eu junto a uma pequena mesa de madeira mal aplainada e suja. "Viu só", sim, eu via uma folha de mesa com muitos entalhes, dos interrogatórios de outras pessoas de quem nada se sabia, nem mesmo se ainda estavam vivos. Como eu tinha de encará-lo por horas a fio, o agente tornava-se, a cada interrogatório, um rei. Para a sua careca ele teria precisado do barbeiro da companhia do meu avô. Também para as suas barrigas da perna que, sem qualquer pelo, brilhavam repulsivamente brancas entre a barra da calça e a borda da meia. Sim, as coisas se encaixavam para a minha desvantagem na cabeça dele. Mas na minha cabeça coisas muito diferentes se encaixavam: como nas peças de xadrez havia um rei que se inclinava, no agente havia um rei que matava. Era um dos primeiros interrogatórios e verão e à tarde e as sombras de plaina entraram em jogo. O vidro da janela brilhava ondulante ao sol. No chão caíam fachos de luz brancos rosqueados e subiam nas pernas do agente quando ele os atravessava. Eu desejava que ele tropeçasse, que eles entrassem em seus sapatos e o matassem pela sola do pé.

E algumas semanas mais tarde o rei não entrou apenas em seu cabelo faltante, mas também no meu existente. Entre as nossas mesas serpenteavam de novo as roscas de sol no chão, claras e mais longas do que das outras vezes, elas literalmente rastejavam para cá e para lá porque havia muito vento lá fora. O agente andava de um lado ao outro, estava nervoso, as roscas de plaina tão inquietas que ele sempre tinha de olhar para elas. Entre a minha presença real, mas imóvel e as sombras de plaina presentes apenas como reflexo, saltitando como umas tolas ele perdeu o autocontrole. Ao andar de um lado para o outro ele veio gritando até a minha mesa. Eu contei com umas bofetadas. Ele levantou a mão, mas então ele tirou um cabelo do meu ombro, queria deixá-lo cair no chão com os seus dois dedos pontudos. Eu não sei por que eu disse de repente: "Por favor, o senhor coloque o cabelo de volta, ele me pertence". Ele voltou a pegar muito lentamente no meu ombro, seu braço estava paralisado como que por uma câmara lenta, balançou a cabeça, atravessou as roscas de luz em direção à janela, olhou para as árvores e começou a rir às gargalhadas. Só quando ele já estava rindo olhei com o rabo do olho para o meu ombro. Ele realmente havia colocado o cabelo de volta e do mesmo jeito que estivera antes. Dessa vez nenhuma risada real lhe ajudou, para o episódio do cabelo ele não estava preparado. Ele havia se afastado demais do roteiro, se expôs ao ridículo. E eu senti uma satisfação tão estúpida, como se a partir de agora o tivesse nas mãos todos os dias. Seu programa de destruição só funcionava dentro da rotina, portanto, ele tinha de seguir a rota prevista. Improvisação também era um risco para ele. Não realmente, apenas um risco fantasiado por mim, mas na minha estúpida contagem valia.

O cabelo e o barbeiro sempre tinham a ver com o rei. Meus amigos e eu distribuíamos cabelos pela casa antes de sair. Nós os colocávamos sobre puxadores de portas, de armários, em gavetas sobre manuscritos, na prateleira sobre livros — eram sinais inteligentes porque discretos, mostravam se objetos haviam sido tocados na nossa ausência, se o serviço secreto estivera aí. "Por um fio", "pela largura de um cabelo", "com a finura de um cabelo" e "com a precisão de um cabelo" não eram mais expressões idiomáticas para nós, mas um costume.

O romance *Fera d'alma* diz:

> As feras de nossas almas voavam feito morcegos. Deixavam pelo para trás e sumiam no nada. Se falássemos bastante um logo depois do outro, elas ficavam mais tempo no ar.
>
> Ao escrever, nunca esqueça a data e sempre coloque um fio de cabelo na carta, dizia Edgar. Se não houver nenhum, saberemos que foi aberta.
>
> Fios de cabelo, pensei, nos trens que cruzam o país. Um fio escuro de Edgar, um claro meu. Um ruivo de Kurt e Georg [...].[7]

Depois de um verdadeiro bando de agentes secretos haver feito uma busca na casa do meu amigo Rolf Bossert e sumido com todos os seus manuscritos e cartas, Bossert pegou a tesoura, colocou-se mudo diante do espelho do banheiro e cortou tufos de cabelo da cabeça e da barba. Isso foi um pouco antes de sua emigração para a Alemanha. Essa tesoura furiosa no cabelo, sete semanas mais tarde soube-se disso, era um primeiro colocar-a-mão-em-si. Pois sete semanas depois ele estava na Alemanha havia seis semanas e atirou-se da janela do abrigo de transição.

7. Herta Müller, op. cit., p. 87.

Mais do que nas mulheres, o corte de cabelo de homens muitas vezes era um indício político. Ele mostrava a interferência do Estado na vida da pessoa, o grau de sua repressão.

Pois todos os homens que o Estado havia tomado para si por um período ou para sempre, tinham o cabelo raspado. Os soldados, os presos, as crianças de orfanatos. E todos aqueles alunos que haviam aprontado algo. Nas escolas havia um controle diário do comprimento do cabelo — a nuca tinha de estar pelada até a metade da cabeça, as pontas das orelhas deveriam ter um contorno livre da largura de um dedo. E não só nas classes iniciais mas também no ensino médio. Mesmo na universidade alunos recebiam uma notificação de que com aquele comprimento de cabelo não deveriam mais comparecer. Existia o barbeiro para os homens, o cabeleireiro para as mulheres. Era impensável os homens e as mulheres frequentarem o mesmo salão. O rei insistia no controle através da separação por sexo.

Também quando observo as fotografias da minha infância o rei se inclina. Em cada foto vejo pelo meu penteado a respectiva disposição matinal da minha mãe enquanto me penteava Era rara a visita de fotógrafos no vilarejo, não me lembro mais como aconteceu que eu fui fotografada diante de uma parede no centro do vilarejo, de um canteiro de flores no quintal e sobre um caminho cheio de neve junto à igreja. As fotos não oferecem qualquer informação sobre mim, mas, em compensação, sobre a minha mãe. Porque há nelas três tipos de *flashbacks* de antigamente sobre ela. O primeiro: a risca sobre a cabeça está torta, porém as duas tranças saem na mesma altura atrás das orelhas — isso significa que na noite anterior meu pai só estava levemente bêbado. Em dias assim minha mãe me penteava estoicamente, perdida em pensamentos e com os movimentos rotineiros dos dedos. O casamento ia mais ou menos bem, a vida era suportável. O segundo *flashback*: quando a risca e as tranças estão horrivelmente tortas, minha cabeça parece amassada, meu rosto entortado. Isso significa que na noite anterior meu pai estivera caindo de bêbado — minha mãe chorava ao me pentear, eu era um incômodo para ela, um peso que a fazia recuar de uma separação, como dizia com frequência. E o terceiro *flashback*: quando tanto a risca quanto as tranças estão retas, o lado direito e o esquerdo da cabeça e do rosto estão simétricos. Significa que na noite anterior meu pai voltou sóbrio para casa, minha mãe estava animada, ela até conseguia gostar de mim, ela estava bem. Mas as fotos do terceiro *flashback* são raras. É que os fotógrafos só visitavam o vilarejo em dias de feriado. Durante a semana meu pai conseguia a proeza de beber no horário de trabalho, mas em feriados a bebedeira era a sua única ocupação. Ele não gostava de jogos com os quais os homens se distraíam nos feriados, de nenhum jogo de xadrez ou de cartas, nada de boliche, não gostava de dançar. Ele ficava sentado ao lado e bebia até os olhos e a língua incharem e as pernas ficarem bambas. Sob esse ponto de vista mesmo os seus estados estão documentados nos *flashbacks* fotográficos. Ele também só possuía três, que, através dos dentes do pente, se infiltravam em meu penteado.

Mas talvez o estado de ânimo da minha mãe acabasse parando tão visivelmente no meu cabelo, porque alguns anos antes de ela me pentear ainda estivera na deportação para trabalhos forçados na União Soviética. Durante cinco anos esteve no campo com o rei, que mata, e nesses cinco anos sempre morrendo de fome. Chegou no campo com dezenove anos, como todas as filhas de colonos com tranças longas. Os motivos para raspar o cabelo, disse ela, variavam. Havia dois motivos, um deles sempre a pegava. Ora eram os piolhos, ora havia roubado algumas batatas ou nabos dos animais, para não morrer de fome. Às vezes já estava com o cabelo raspado por causa dos piolhos e ainda era pega roubando. Aí os guardas ficavam com pena que não se pode raspar uma cabeça mais de uma vez, como se pode bater mais uma vez em costas que já apanharam. Raspado permanece raspado por muito tempo, me disse ela, cabelos não são tão estúpidos quanto a pele. Há uma foto: a mãe moça, de cabeça raspada, emagrecida a ponto de a pele grudar nos ossos, segurando um gato no braço. Esse está tão ossudo e tem olhares tão pontiagudos, tão escancarados e profundos de fome quanto ela. E sempre que observo a foto eu me pergunto: tudo bem que uma pessoa seja apaixonada por gatos, mas como é que uma criatura esquálida dessas dividia o parco alimento com um gato? Será que também isso tem a ver com o pelo que o gato tinha e ela não? O pelo do gato está desgrenhado, o cabelo enviesado e longo, como se tivesse crescido às custas da carne, contra a própria constituição, num material não natural.

E aqui na Alemanha? Por que é que os nazistas raspam o cabelo voluntariamente? Eles têm uma relação pervertida consigo mesmos, falta-lhes o senso de auto-humilhação. Eles instrumentalizam seus crânios, usam-nos desfigurados como seixos, como pedregulhos arredondados de leitos de rio que minguaram ou desapareceram. Eles brincam de milícia sem escrúpulos, fazem bazófia do autodesprezo. Na sua visão de mundo brutalizada eles enobrecem a perversão da raspagem do cabelo, colocam sobre si um estigma voluntário como marca do grupo. Nas cabeças-

-de-seixo a individualidade é anulada, sob as marcas dos ossos nos crânios raspados encontra-se, dirigido pelos caprichos do homem superior, um cérebro miserável. Adestrado para reações instintivas, seu corpo torna-se instrumento de agressão.

Uma das primeiras colagens, através das quais encontrei a rima e o rei, diz:

e em uma mão
lá estava o rei
na chuva o seu lugar
foi como aconteceu
eu entrei
para não me encontrar
e na outra mão
lá estava o rei
ele foi derrotado
foi como aconteceu
eu entrei
e tive o cabelo raspado

Mais duas coisas importantes tem a ver com o rei:

O cabelo do meu avô nunca mais caiu. Ele o levou grosso e branco ao túmulo.

Apesar de todo o esforço que meu avô investiu em mim, nunca aprendi a jogar xadrez. Ele desconfiou da minha capacidade intelectual e eu deixei por isso mesmo. Nunca disse a ele o quanto eu tinha medo e gostava do rei. Acho que se diz para isso: minha cabeça não estava livre.

# 3

# SE NOS CALAMOS, TORNAMO-NOS INCÔMODOS — SE FALAMOS, TORNAMO-NOS RIDÍCULOS

Calar não é uma pausa durante a fala, mas algo por si só. Conheço de casa, entre os colonos, um modo de viver que não tinha por costume o uso de palavras. Quando nunca se fala sobre si mesmo não se fala muito. Quanto mais alguém fosse capaz de se calar, tanto mais presença ele possuía. Como todos na casa, também eu havia aprendido a interpretar nos outros as contrações dos vincos do rosto, das veias da garganta, das narinas ou dos cantos da boca, do queixo ou dos dedos e não esperar por palavras. Entre calados, os olhos de nós todos haviam aprendido qual era o sentimento que o outro carregava consigo pela casa. Ouvíamos mais com os olhos do que com os ouvidos. Criava-se uma lentidão agradável, um sobrepeso prolongado das coisas que carregávamos conosco na cabeça. Um peso assim as palavras nem oferecem, pois elas não ficam paradas. Logo depois de se falar, mal se terminou de dizer algo, e elas já estão mudas. E só podem ser pronunciadas individualmente e uma após a outra. Cada frase só tem a sua vez quando a anterior já se foi. Mas no calar tudo está aí ao mesmo tempo, tudo o que por muito tempo não é dito fica retido, mesmo o que nunca é dito. É uma condição estável e fechada em si. E o falar, um fio que se rompe a si próprio e sempre tem de ser tecido novamente.

Quando vim para a cidade eu me admirava do quanto os citadinos têm de falar para sentirem a si mesmos, para serem amigos ou inimigos uns dos outros, para oferecer algo ou receber algo. E, sobretudo, o quanto eles reclamam quando falam de si. Na maioria de suas conversas o constante acasalamento de arrogância e autocomiseração, o corpo inteiro com ares de apaixonado por si. Eles sempre andavam por aí com esse eu megaestressado na boca. Seu teatralismo era macio, os citadinos tinham mais articulações do que os colonos sob a pele, suas línguas eram mais uma vez a pessoa inteira na boca. A mim, que havia treinado o calar por tanto tempo e que por cima havia trazido os ossos lentos do vilarejo, que primeiro não falava nada e depois só parcamente o romeno, essa pressão para falar deixava travada. A explicação que eu encontrava para a constante duplicação da pessoa nos movimentos agitados era de que toda a região, mesmo a céu aberto, era habitada. Ruas, praças, beiras de rio, parques — em todo lugar pavimento ou asfalto, não só mais liso do que todas as ruas do vilarejo, mais liso até do que os pisos das salas de visita no interior das casas. Mais habitadas, eu pensava, do que as cozinhas do vilarejo que só possuíam chão batido. Eu precisava de uma explicação e tomei a mais simples: quando os pés se encontram sobre a superfície lisa, a língua pode ou precisa falar sem pensamentos na cabeça. O campo não permite isso porque sua superfície é irregular e aficionada por decomposição. Oferece-se a fala ao asfalto, ao campo a pesada vagareza dos ossos, o tempo se alonga sem defesa; sabendo que a terra é voraz, deixa-se a língua silenciosa na boca e a terra a esperar. Sobre o asfalto, entretanto, fica-se mais leve; onde se fala o tempo todo, a morte não está debaixo, mas atrás da vida. Eu sentia saudades, tinha a consciência pesada como se tivesse dado no pé e deixado os outros entregues à voracidade da terra do vilarejo com o panóptico florescente das formas de morrer. Eu estava acostumada a ver a morte em meio ao cotidiano. Como pensava nela, ela já me procurava antes mesmo de o Estado vir com suas ameaças de morte. Onde a terra coberta terminava na cidade ela me procurava. Ela estava sentada nas abas da cidade que talvez fossem as abas da minha infância: sobre as mesas de concreto da feira de verduras onde mulheres velhas das montanhas vendiam pêssegos amargos com pelos cinzentos, pequenos como nozes. Eles se pareciam com a pele dos rostos delas, eram pêssegos senis. Nos parques estava fincada a morte quando as folhas bem novas e levemente avermelhadas das alamedas de choupos cheiravam a quarto de gente velha. E a morte clara como cera também estava fincada na beira das estradas, em tílias florescentes, quando caía esse pó amarelo. Sobre o asfalto as tílias possuíam outro cheiro, havia inúmeras tílias no vilarejo, mas somente aqui na cidade, quando elas floresciam, me veio, ao cheirá-las, a palavra "açúcar de defunto". Também nos jardins em frente às casas das ruas secundárias, a morte me procurava em grandes dálias que não conseguiam refrear suas cores nos polpudos botões enrolados. Enquanto eu vivia sem ameaças, as plantas da cidade se tornaram exemplares para o ato de morrer em geral. Mesmo quando eu pensava na minha própria morte era sempre uma morte natural, o abdicar da carne sobre o asfalto impermeável. Mais tarde, então, quando meus amigos e eu passamos a conviver com ameaças de morte pelo serviço secreto, isso mudou.

Quando, após interrogatórios torturantes, andava pela rua de novo, a cabeça em polvorosa, os olhos como um enchimento de gesso, as pernas estranhas, como que emprestadas de alguém outro, quando me encontrava a caminho de casa nessa situação, essas plantas me mostravam o que estava acontecendo comigo — e não era dizível com palavras. Para mostrá-lo elas não precisavam de nada mais além de cheiros, cores e formas, que elas já tinham mesmo, e do lugar, onde de qualquer maneira já se encontravam. Elas amplificavam o acontecido até a monstruosidade, mas já acrescentavam a essa amplificação o murchamento necessário para se adaptar, a fim de encaixar o último acontecido no anterior. A mim a dália mostrava que eu tinha de compreender o interrogatório como dever funcional do interrogador, que os entalhes sobre a pequena mesa do interrogatório são de todos os outros interrogados antes e depois de mim, que, portanto, eu sou um caso entre muitos, mas mesmo assim um caso único. Aquilo que me transtorna é cotidiano normal para o interrogador, nada além de rotina em sua profissão atroz, é isso que a dália me mostrava. Mas também que a rotina executada em mim se torna algo especial, que eu tenho de refletir pessoalmente a respeito desse algo especial e me proteger individualmente. Preciso me valorizar a ponto de me defender, ainda que antes e depois do meu interrogatório muitos outros experimentem coisas semelhantes. Como devo explicar com palavras que a dália me dava uma atitude interior quase estável frente aos arrepelos de fora, que em uma dália assenta um interrogatório quando se vem do interrogatório, ou uma cela, quando uma pessoa de quem se gosta está na prisão. Que em uma dália está sentada uma criança quando se está grávida e não se quer ter essa criança de modo algum, porque não se tem a cara de pau de oferecer essa vida de merda a ela, mas que, caso seja descoberta, a pessoa vai para a prisão por aborto.

Quanto eu deveria falar, quando eu gostaria de dizer tudo à amiga que pergunta a respeito dos detalhes dos interrogatórios. Dizer tudo significa: tudo o que se pode dizer com palavras. Assim eu contei sempre todos os fatos a ela, mas nada além disso, nunca qualquer palavra sobre plantas que me familiarizam com o meu próprio estado quando passo pelos jardins ao ir para casa. Nunca disse qualquer coisa a respeito dos pêssegos senis, nunca mencionei o açúcar de defunto e as dálias. O falar mantinha o equilíbrio com o calar. Onde o calar teria sido mal compreendido pela amiga, eu tinha de falar, onde o falar teria me colocado na proximidade dos loucos, tinha de calar. Eu não queria me tornar sombria ou ridícula para ela. Éramos amigas muito íntimas, nos víamos diariamente. Mas permanecíamos muito diferentes, isso tornava a amizade tão íntima. Cada uma precisava da outra aquilo que não possuía. Era uma proximidade sobre a qual não se tinha de falar. Minha bússola não lhe era familiar, ela nunca havia se deparado com a temeridade nas plantas. Ela era uma citadina. Lá onde meus sentidos tropeçavam, eu via os dela deslizarem, onde eu hesitava ela saía andando — por isso eu gostava dela. Ela teria rido de mim caso tivesse falado com ela sobre o panóptico das formas de morrer na florescência de um vale. Ela não conhecia a deplorável solidão na paisagem, a conta aberta da efemeridade, à qual não se resiste. Ela havia reservado para si uma medida suportável para tudo, conseguira conservar o olhar de fora, ela nunca matutava sobre palavras. Ao invés disso gostava de roupas e de joias, condenava o regime de Ceauscescu como bancarrota de toda e qualquer sensualidade. E esse regime não a atacava. Ela estudara tecnologia de soldagem, sua área era considerada construtiva e leal ao Estado e o que eu fazia, destrutivo. Ela não conhecia uma palavra em alemão e não sabia o que eu escrevia. Por esse motivo talvez o regime considerasse nossa amizade como apolítica, coisa de mulher. Mas a amiga era altamente política por causa da sua naturalidade imprevisível, rejeitava submissão por asco físico e era moralmente mais coerente do que muitos outros com teorias políticas e discurso subversivo. Eu dependia dessa amiga, onde em mim havia cacos espalhados, ela me contrapunha o intacto. Intacto no comportamento, porém seu corpo já havia sido, naquele tempo, sem que ela ou eu o soubéssemos, fisgado pela morte, ela estava com câncer e só o descobriu quando já era tarde. Ela ainda tinha três anos para viver e eu emigrei. E ela veio me visitar e me mostrou a cicatriz da mama direita amputada e confessou que fora enviada pelo serviço secreto — que me visitava em missão. Tinha de me comunicar que eu estava marcada para morrer, que eu seria eliminada caso continuasse a falar tão depreciativamente de Ceauscescu no ocidente. Ela já havia me traído quando chegou a Berlim e enquanto confessava sua traição, afirmava que nunca seria capaz de fazer qualquer coisa que me fizesse mal. E após dois dias eu a mandei fazer as malas e levei-a à estação de trem. E na plataforma dessa estação eu me recusei a usar o lenço para abanar e o lenço para chorar. Do lenço com nó para não esquecer de nada eu não precisava, afinal, o nó já se encontrava na garganta.

Dois anos após essa partida antecipada ela morreu de câncer. Amar alguém e ter de abandoná-la, porque ela, sem compreender o que fazia, colocava os sentimentos que nutria por mim à disposição do serviço secreto, contra a minha vida. Havia emprestado a nossa amizade ao rei que se inclinava diante dela e que queria me matar; e ela acreditava que poderia recebê-la de volta de mim, do jeito que era naquele tempo quando eu confiava nela. Para poder me trair ela tinha de mentir para si mesma, as duas coisas andavam juntas, ligavam-se uma à outra. A perda dessa amizade é, até hoje, um divisor de águas na minha vida. Também tive de encontrar a "fera d'alma" e o "rei" para essa mulher. Pois ambos os conceitos são de dois gumes, caminham como fantasmas na brenha do amor e da traição. Ao escrever, tive de perguntar às frases que surgiam e que não eram suficientes: "Por que e quando e como o amor que une chega à zona da morte?".[1] Mesmo quando se abandona alguém porque se é obrigado a fazê-lo não se fica sem sentimento de culpa. Tive de recorrer a uma das belas canções populares romenas para encerrar o capítulo dessa amiga no livro:

Quem ama e abandona
que Deus o castigue
Deus o castigue
com o passo do besouro
o zunir do vento
o pó da terra

Além disso não se precisava dizer mais nada. A canção é muito conhecida na Roménia, ela se ofereceu a mim como talvez

1. Herta Müller. *Fera d'alma*. Trad. Claudia Abeling, São Paulo: Biblioteca Azul, 2013, p. 160.

orações se ofereçam a outros. Quando não se acredita em orações, começa-se a cantar muda. Essa canção me parece como as dálias no jardim. Como aquelas, também ela consegue realizar o encaixe de uma perda na corrente das outras perdas.

Eu admiro e tenho medo de plantas que possuem caules cabeludos, rastejantes, finos demais, folhas ásperas e muito pontiagudas e que têm frutos do tamanho de cabeças. Cabeças que calam e cujos rostos de polpa berrante crescem para dentro: abóboras e melões. Eles arvoram-se pesos que, caso tivessem de sustentar a si mesmos, não poderiam carregar. Eles se esparramam, rastejam pelo chão ou sobem bem alto em cercas, não carregam seus próprios frutos. Eles se mantêm frágeis, deitam suas cabeças no pescoço de um campo espesso, penduram-nas verticalmente na madeira de uma cerca. Quando criança no vilarejo sempre via nessas plantas como uma frase da igreja se transformava em planta, a frase: "Levai as cargas uns dos outros" (Carta de Paulo aos Gálatas, 6:2). Nessas plantas podia-se ver pelo lado de fora como seria, caso fosse tirado algum peso de dentro da gente. Dessas plantas eu procurei aprender como se poderia fazê-lo com as pessoas. Mas, enfim, não era possível fazê-lo. Meu pai tinha de carregar sozinho a sua bebedeira, ninguém podia tirar o choro de minha mãe; mesmo que eu também chorasse, não chorava pelos seus motivos. Pois ela chorava porque tinha um beberrão como marido que gesticulava com a faca quando ela lhe pedia satisfações. Eu, porém, chorava porque queria uma mãe que alguma vez também chorasse por mim, por uma filha que não sabe por que pertence justamente a esses pais, quando esse seu pai está bêbado demais para ser um pai para sua filha e essa mãe sofre tanto com a bebedeira dele que a sua filha se torna secundária. E meu avô tinha de carregar sozinho os seus blocos de recibos e minha avó o seu livro de orações com a foto do filho morto em combate.

Acredito que todos nós, do jeito que éramos, nos desviávamos bem rente um ao outro calando, nessa casa e quintal. Nossas coisas se pertenciam, nossas cabeças estavam completamente separadas umas das outras. Assim vivíamos, três gerações, enfiadas numa casa. Quando nunca se tem por costume dizer algo um ao outro, não se precisa acostumar-se a pensar em palavras. Não se precisa falar para existir. Essa era uma atitude interior como na cidade a possuíam não as pessoas, mas as dálias. Acostumada a essa atitude nem se percebe que não se fala. Nem se pensa em falar, está-se trancada em si mesmo calando e se fica de olho nos outros.

Quando criança no vilarejo, não conhecia a pergunta frequentemente feita por pessoas próximas: "No que você está pensando agora?". Nem a resposta frequente: "Em nada". Essa resposta geralmente não é aceita, ela vale como desculpa, como distração. Pressupõe-se que cada um esteja pensando em algo de que sabe o que é. Eu acredito que se pode pensar "em nada", ou seja, em algo de que não se sabe o que é. Quando não se pensa em palavras não se pensou "em nada" porque não se pode dizer o pensado com palavras. Pensou-se em algo que não necessita do contorno da palavra. Está na cabeça. O falar sai voando, o calar fica e fica e cheira. Cheirava como o lugar na casa em que eu ficava ao lado de mim mesma, junto dos outros. No quintal, o calar cheirava a florescência de acácia ou a trevo recém-ceifado, no quarto, a veneno de traça ou a uma série de marmelos sobre o armário, na cozinha, a massa ou a carne. Cada um carregava seus degraus na cabeça, sobre os quais o calar subia e descia. A pergunta "Em que você está pensando agora?" teria sido como um assalto. Era óbvio que se estava cheio de segredos. Cada um falava desviando de seus segredos quando falávamos sobre o trabalho e sobre os objetos que, por existirem, comprovavam o nosso pertencimento. Também o meu pertencimento aos da casa. Não era culpa deles, mas minha, que eu os fitava por muito tempo e os forçava a se tornarem sombrios e a me questionar. Era minha a falha de eu me tornar uma substância efêmera diante de seu material com a sua durabilidade evidente.

Mencionei o melão porque nele a frase bíblica "Levai as cargas uns dos outros" transformou-se numa planta. Através do melão se pode mostrar quão tranquilo o calar como atitude interior pode permanecer uma vida inteira fincado na cabeça, quando se considera absurdo gastar os pensamentos na fala. Eu gostava de ir à igreja no domingo de manhã, era a oportunidade de escapar do trabalho de descascar batatas. Ninguém da casa ia à igreja e assim me deixavam ir, representando os demais. Isso era bom para a opinião pública e talvez os da casa também pensassem que se a criança está rezando, Deus nosso Senhor compreenderá que o restante da família não tem tempo. A minha avó, ela acreditava em Deus, rezava de manhã e à noite, todos os dias por si. Desde que seu filho morrera em combate ia à igreja só uma vez por ano, no dia dos mortos da guerra. E nesse dia eu sempre sentava ao lado dela. A grande imagem de gesso de Maria me atraía para a igreja, porque se podia ver o coração dela. Ele estava pintado sobre seu longo vestido azul-claro, era muito grande, vermelho escuro com algumas pintas pretas. Com o dedo indicador levantado ela chamava a atenção para o seu coração. Um coração que, de tão mal pintado, acabava até sendo bom; para além da intenção do pintor do vilarejo acabava virando algo que não deveria ser. Às vezes, no meio do dia, eu entrava um pouco na igreja quando haviam me mandado para o vilarejo a fim de comprar algo. Para mim não era uma igreja quando eu estava lá sozinha. Eu visitava a Maria, não fazia o sinal da cruz nem qualquer reverência. No frescor os grilos estridulavam atrás do altar como à noite no quintal. Eu me dirigia imediatamente à Maria, observava o seu coração, chupava uma bala que havia comprado com o troco e também depositava uma ao lado dos dedos dos pés desnudos. Ou um pedaço de fio quando havia comprado linha ou um fósforo da caixinha, uma agulha de costura ou um grampo de cabelo. Depois voltava para a rua de novo. Certa vez havia depositado uma tachinha ao lado dos seus dedos do pé e na metade do caminho dei meia-volta, guardei-a, pois ela poderia pisar nela. Não rezava nunca e nunca lhe dava uma flor.

Desde o inverno, passando pela primavera até verão adentro o seu coração era, cada vez que o fitava, uma melancia cortada ao meio. Somente no outono chegou o dia dos mortos da guerra e minha avó também foi à igreja. Sussurrei no ouvido dela: "Olha só, o coração da Maria é uma meia melancia". Como estávamos sentadas entre outras pessoas ela balançou algumas vezes o joelho, só então passou a mão como que por acaso no meu joelho e sussurrou de volta: "Pode ser, mas sobre isso não se precisa falar". Então balançou mais algumas vezes o joelho a fim de que parecesse que ela estava fazendo isso só assim por si e não como um sinal de que eu deveria prestar bem atenção agora. E depois, no caminho de casa, referiu-se tão resumidamente àquilo que o calar já estava no falar. Ela resumiu o coração com as pintas pretas e a melancia cortada ao meio com a pequena palavra ISSO; ela disse: "ISSO sobre a Maria você não deve dizer a ninguém". Eu cumpri a ordem, mesmo depois que ela havia morrido, também quando eu estava na cidade. Até começar a escrever não havia nada a dizer sobre aquilo.

Visto de fora, o escrever talvez se pareça com o falar. Mas por dentro é uma questão de se estar só. Frases escritas se comportam em relação aos fatos vividos mais como o calar se comporta em relação ao falar. Quando coloco o vivido nas frases, inicia-se uma mudança fantasmagórica. As entranhas dos fatos são empacotadas em palavras, elas aprendem a andar e se mudam para um lugar ainda desconhecido durante a mudança. Para continuar com a imagem da mudança, quando escrevo é como se a cama se colocasse numa floresta, a cadeira dentro de uma maçã, a rua corre para dentro de um dedo. Mas também é o contrário: a bolsa fica maior que a cidade, o branco do olho maior que a parede, o relógio de pulso maior que uma lua. Na vivência se tinha lugares, um céu aberto ou fechado sobre a cabeça e a terra, asfalto ou pisos de quarto sob os pés. Estava-se envolvido por horários, havia luz ou noite diante dos olhos. Existia uma contraparte, pessoas ou também apenas objetos. Tinha-se o início, a duração e o final de um acontecimento como medida, sentia-se a brevidade ou o prolongamento do tempo sobre a pele. E tudo isso nunca acontecia por causa das palavras. O vivido enquanto acontecimento não está nem aí com a escritura, não é compatível com as palavras. Os acontecimentos reais nunca podem ser apreendidos equitativamente com palavras. Para descrevê-los, os acontecimentos precisam ser modelados em palavras e completamente reinventados. Aumentar, diminuir, simplificar, complexificar, mencionar, passar por alto — uma tática que tem seus próprios caminhos e o vivido apenas como pretexto. Quando se escreve, arrasta-se o vivido para um outro *metier*. Testa-se qual palavra pode realizar o quê. Não há mais noite ou dia, vilarejo ou cidade, mas quem comanda são o substantivo e o verbo, oração principal e subordinada, compasso e som, linha e ritmo. O acontecimento real insiste enquanto aparição periférica; com palavras dá-se um choque após o outro. Quando ele mesmo não se reconhece mais, o acontecimento volta ao centro. Precisa-se demolir a presunção do vivido para se escrever sobre ele, desviar-se de cada rua verdadeira para uma inventada, pois só esta pode se parecer com ela novamente.

E não se pode e nem se deve deixar o que lhe é caro encalhar desprotegido, despedaçá-lo numa frase ruim. Eu sempre escrevo pensando que aqueles que significam muito para mim leem junto, mesmo que já estejam mortos, principalmente se estão mortos. Quero me aproximar deles com palavras. Essa é a única medida da qual eu sei que a possuo, a partir da qual classifico as frases como suficientemente boas ou ruins demais. Essa, talvez, seja uma obrigação moral ingênua, distribuída em pequenos pedaços, ao escrever. Essa foi e é o contrário de estar por cima, de qualquer ideologia, seja ela como for — e por isso também o melhor meio contra ela. A ideologia tem o todo na mira. Segundo o seu critério as frases são permitidas ou proibidas. Para não abandonar o permitido, autores ideologicamente fixados tão somente sondam novas variantes para as partes prontas disponíveis. Essas só são variáveis nos limites em que o todo não é posto em xeque. Uma obrigação moral interior por motivos bem privados irrita os amantes da ideologia. Ela não se sente responsável pelo todo, sabe até mesmo que todo texto foge ao previsível, escapa do terreno oferecido pela ideologia. Ao invés de permitidas ou proibidas, as frases escritas a partir de uma obrigação interior se veem como verazes ou imitadas.

A escrita faz do vivido frases, mas nunca um diálogo. Quando aconteceram, os fatos jamais teriam suportado as palavras com as quais seriam escritos mais tarde. O escrever sempre me parece como um caminho sobre o cume, entre o revelar e o manter em segredo. Mas também entre os dois ele varia; no expor, o real se verga para o inventado, e no inventado transluz o real, justamente por não estar formulado. A metade do que a frase provoca na leitura não está formulada. Essa metade não formulada possibilita a corrida errante na cabeça, ela proporciona o choque poético que se tem de deixar valer como pensamento sem palavras. Ou será que se diria para isso: sentimento.

No caso de muitos objetos, nunca compreendi o que eles são, porque eles sempre se transformam, conforme aquilo para o que justamente estão servindo. Minha mãe colocava a maior faca na minha mão e me mandava para o sótão do lado da chaminé, à câmara de defumação. Lá estavam pendurados os pernis de porco. Eu deveria cortar uma fatia e trazê-la para a cozinha. Quando subia a escada eu me perguntava como ela não tinha medo de que eu fizesse alguma outra coisa com a faca. Eu poderia cair e me machucar. Poderia, sem querer, cortar a minha mão ao invés do pernil. Mas eu também poderia me matar propositalmente com a faca. A faca sempre teria se tornado outra coisa, caso eu tivesse feito algo diferente com ela do que cortar o pernil. Eu me atrasava, muitas vezes ficava por um tempo bem longo no sótão. Parecia-me indiferença ou até mesmo desleixo quando a minha mãe tirava a faca e o pernil da minha mão com a maior naturalidade, depois que eu estava de volta na cozinha. Além do corte do pernil não lhe ocorria nada, ela nunca se questionava por que eu havia demorado tanto com a faca.

Diz-se "o lenço", mas qual lenço? O lenço ao chorar não é o mesmo que aquele com o qual se abana na despedida, não aquele com o qual se ata uma ferida e não aquele com o qual se assoa o nariz quando se está resfriado e não aquele em que se faz um nó para lembrar de algo e não aquele em que se amarra o seu dinheiro para não perdê-lo e não aquele lenço que está deitado na beira da estrada porque alguém o perdeu ou jogou fora. O mesmo lenço nunca é igual. Quantas possibilidades não declaradas existem na simples frase: "A mulher guarda o lenço".

Numa noite de verão no cemitério, o menino dos vizinhos me disse: Para as almas de defuntos o mundo não é maior que um lenço. Nós éramos mandados ao cemitério bem tarde, já de noite, quando o calor havia baixado, um pouco antes da escuridão total, porque só se deveria regar as flores sobre os túmulos quando estivesse mais fresco. Atrás da capela do cemitério ficava o lago. Os sapos coaxavam até o céu. Quando movíamos o regador na água para enchê-lo, sapos gordos caíam pesadamente das folhas do banhado para o fundo, um som abafado como nos enterros quando as bolotas de terra caíam sobre as tampas dos caixões, como se a gente estivesse em seu próprio enterro, como se a gente ouvisse a última saudação das bolotas sobre a cabeça no caixão. Carregávamos os regadores cheios e víamos uma fumaça branca subindo dos túmulos onde não tínhamos nada para fazer. As flores cada um regava por si, era bem rápido, a terra estava com sede. Então nos sentávamos lado a lado na escada da capela e chamávamos a atenção um do outro para os túmulos dos quais justamente voava uma alma. Não dizíamos uma palavra para não afugentar as almas. Certa vez uma alma voou de um túmulo vazio. O falecido havia, como o filho da minha avó, morrido na guerra muito longe dali. Sua alma era uma galinha magra. No túmulo estava escrito: descanse suavemente em terra estrangeira.

Somente no caminho para casa falávamos sobre as almas. Sempre elegíamos algum animal. Havia almas de jacaré, almas de perdiz, almas de ganso de neve, de coelho e de grou. Almas de defuntos voam para todos os lugares, dizia o menino dos vizinhos, para elas o mundo não é maior do que um lenço.

E como é que, numa foto, uma mortalha sobre a relva chega a se parecer com um lenço. E como é que a foto de defunto do filho chega a servir de marca-páginas no livro de orações da mãe. Como é que uma morte cabe numa foto branca e marrom que não é maior do que uma caixa de fósforos. Como é que ela se encolhe tanto e ainda deixa em branco o espaço de um dedo ao redor para a relva. O filho da minha avó estraçalhado por uma mina na guerra se parece, sobre o lenço na relva, com uma mão cheia de folhagem meio apodrecida, juntada pelo vento. Como é que uma foto do *front*, enquanto comunicado de morte, se atreve a confundir mortalha e lenço, pessoa e folhagem. Ninguém podia aliviar minha avó da perda do filho. Assim como os pés de abricó me lembravam do pai morto, um acordeão a lembrava do filho morto. O acordeão era o seu objeto deixado para trás, que tinha de representá-lo. Apesar da protuberância, a mala do acordeão se parecia com um caixão de defunto. Estraçalhado como ele foi posto numa vala comum nas proximidades de Mostar, o filho provavelmente teria cabido duas vezes nessa mala. Ela idolatrava esse caixão protuberante de um acordeão, ele ficava parado entre a lareira azulejada e a cama no quarto. Quando se passava pela porta o olhar caía sobre ele. Às vezes, quando todos da casa estavam suficientemente longe, no jardim, eu abria a maleta e observava o acordeão. As teclas brancas e pretas se pareciam com a mortalha branca e a relva preta da foto. A mala do acordeão era o objeto de culto da minha avó. Ela entrava diariamente no quarto que não era habitado por nós, mas pela mala do acordeão. Ela olhava muda para a mala como se observa os santos na igreja e, em silêncio, se pede ajuda. Ela tinha o seu filho morto no meio da casa, esquecia que um acordeão não pode ser uma pessoa, que para um acordeão é indiferente a quem ele pertence. Como é que uma mãe chega ao ponto de confundir o seu filho com um acordeão. Quais frases prestam para descrever como a perda se transforma num objeto que se oferece sem motivo plausível, para que se projete nele a pessoa desaparecida. E como o seu marido, que até 1945 possuía terras ao redor de todo o vilarejo e era comerciante de cereais e de produtos coloniais e que, expropriado pelo socialismo, só possuía ainda um baú cheio de blocos de recibos para trens de carga lotados de cereais ou grãos de café, como é que ele chega ao ponto de anotar nas rubricas para pesos em toneladas as suas minúsculas compras diárias? A primeira rubrica se chama: Nome da entrega — e ele escreve: "fósforos". A segunda rubrica é: Quantidade / vagões / toneladas — e ele escreve: "1 caixinha". A terceira rubrica: Valor em cem mil / milhões — e ele escreve: 2 Lei / 05 Bani (em alemão 2 Mark / 05 Pfennig). O campo, o maquinário da agricultura, suas contas bancárias, suas barras de ouro, tudo o socialismo lhe havia expropriado. Também a sua casa, o quintal com os galpões comerciais pertenciam ao Estado. Ele só podia ocupar dois quartos com a mulher, a filha e o genro. Todos os demais eram ocupados como depósito de cereais, trigo e cevada e milho do chão até o teto. Os caminhões lotados entravam pelo portão de trás desde o início do verão até o final do outono e saíam vazios pela frente. Meu avô, o então comerciante de cereais conhecido até Viena, estava tão pobre depois de o socialismo haver concluído a expropriação da "classe exploradora", que não tinha mais dinheiro nem para o barbeiro. Deixaram para ele apenas os seus blocos de recibos que ainda teriam chegado para dez anos de comércio de cereais; eles enchiam um grande baú.

Em meio a essa humilhação, o meu avô começou a registrar suas quinquilharias nas rubricas. "Para a minha cabeça não enferrujar", dizia ele. Mas ele procurava amparo nessa prática que documentava a sua decadência. No confronto com a sua queda ele procurava dignidade. Ele não reclamava nunca, anotava a mísera compra da venda do vilarejo nas rubricas: 1 metro de pavio para a lâmpada de petróleo, 3 metros de elástico de calça, 1 tubo de pasta de dente ou 1 vidro de mostarda. Ele somava as despesas do dia, depois as da semana, as do mês, as do ano. A parte impressa das rubricas e o que ele preenchia à mão ali em sua pobreza, talvez lhe mostrasse, sem qualquer palavra, tanto quanto as dálias no jardim me mostravam após o interrogatório. Ou tanto quanto os poemas que eu recitava para mim mesma, para o amparo diário, me mostravam. Afinal, também para mim eram sempre poemas que me confirmavam a falta de saída para a minha vida. Ninguém conseguia dissuadir o meu avô dos seus malditos blocos de recibos. Somente quando eu já estava na cidade e havia me acostumado a recitar poemas, compreendi que os blocos de recibos do avô não eram as suas orações, mas os seus poemas. Eventualmente as suas dálias.

Por causa da proximidade com as plantas na qual eu me vira envolvida quando criança eu também atribuía intenções às plantas da cidade. Hostis como o milho no vilarejo tornaram-se, na cidade, os ciprestes e os pinheiros. Eles eram as plantas dos governantes e as dálias e os álamos as plantas dos desamparados. Ciprestes e pinheiros serviam ao poder como cercas vivas sempre verdes ao redor dos prédios do governo e das mansões privadas. Querendo ou não, as cápsulas de semente dos ciprestes, as pinhas dos pinheiros parecem com miniaturas de urnas. Essas plantas haviam abandonado a sua feição natural, eu estava convencida de que elas estavam mancomunadas com o Estado. Às plantas dos senhores também pertenciam os gladíolos, como arranjos festivos do regime eles se estendiam nas tribunas sobre folhas delicadas de samambaia que havia murchado há tempo. Gladíolos como cassetetes florescentes e cravos vermelhos como emblemas do partido. E também havia os animais dos senhores: as gaivotas canibais junto ao rio Danúbio e os cães de caça da polícia, dos guardas de presídios e dos soldados da fronteira. As fileiras de formigas só deixavam ocas as paredes dos pobres. As pulgas e os piolhos só atormentavam a sua pele. E as moscas. No grupo, os amigos e eu fazíamos uma brincadeira com as moscas à noite. Ela chamava: "A autocrítica da mosca". Acendíamos a luz na cozinha, sentávamos todos no quarto escuro ao redor da mesa. Então um de nós levantava, desligava a luz da cozinha e acendia a do quarto. No momento em que o quarto ficava claro chamávamos o nome de um dos agentes do serviço secreto que havíamos combinado antes. Como as moscas procuram a luz, após alguns instantes o agente do serviço secreto vinha voando como mosca, zumbindo para dentro do quarto. Toda vez ele se sentava primeiro sobre a mesa, por ser mais claro ali. Nós dávamos gargalhadas exageradamente altas, comentávamos o seu voo quando a mosca zumbia pelo quarto. E às vezes a brincadeira era feita ao contrário, dávamos um dos nossos nomes à mosca, repetíamos tantas vezes a brincadeira até que todos havíamos entrado no quarto como moscas. Até a mosca haver nos provado que estamos completos porque ainda existimos todos. Naquele tempo ainda existíamos todos, depois não mais. Depois veio o lado noturno. Talvez fosse por isso que eu brincasse mais tarde, ao invés da mosca, com palavras de jornal:

vai ver que o silêncio
passa pela casinha de uma maçã
como as damas com os cachorros
como os nomes pelo jornal
como os investigadores pelo verão
famintos por vento e terra
o lado noturno da garganta
carregava certa vez uma mosca
que veio da cozinha

Aquilo que levianamente se denomina história também era para cada um da minha família, desde o nazismo, passando pelos anos 1950, o lado noturno da garganta. Cada um deles foi convocado pela história, tinha de alistar-se junto à história como vilão ou como vítima. E da dispensa da história nenhum deles saiu incólume. Meu pai anestesiava seu tempo como soldado da ss na bebedeira. Minha mãe se debatia com a careca morta de fome que ela fora como deportada, minha avó venerava a mala do acordeão, meu avô não largava seus blocos de recibos. Em cada um deles colidiam coisas na cabeça que jamais deveriam encontrar-se. Só fui compreender realmente como esses meus familiares se ressentiam desses danos quando eu mesma havia topado com a falta de saída. Só então eu sabia que com um assalto profundo demais todos os nervos ficam sobrecarregados para sempre. Que essa sobrecarga se afirma nos dias posteriores, que até mesmo recorre ao tempo anterior a ela. Ela não muda somente as coisas posteriores, mas também as anteriores que não teriam nada a ver com a fenda na vida, caso não houvesse a fenda. Tudo é magnetizado por essa ruptura, na cabeça toda e na vida toda nada mais se separa dela. O que havia antes da fenda se apresenta depois como se já tivesse estado aí escondido e por isso não fora reconhecido, já então um prenúncio inequívoco da perda posterior, um prólogo levianamente ignorado.

Aos dezessete anos estive pela primeira vez no Mar Morto com uma turma da escola. A água verde com a espuma branca. Com o meu olhar verde do vilarejo ela era para mim o maior prado plano que eu havia visto, com a maior quantidade de agrião-dos-prados que jamais pudera crescer. Um prado cheio, a ponto de transbordar. Eu conhecia o enorme e verde campo de pastagem que tocava a beira do céu, tão raso que qualquer pessoa podia ser vista a longa distância. Uma visão panorâmica na qual se ficava irremediavelmente visível, principalmente diante de si mesmo, transparente desde os dedos do pé até os da mão, a ponto de ser engolido pelo céu. Afundava-se na cabeça, mas nunca sob os pés. Provavelmente eu me atrevi a entrar nas águas profundas por confiar na relva, sem me dar conta de que eu não sei nadar. O chão havia sumido, o prado a ponto de transbordar transformou-se em água profunda a ponto de submergir. Nem procurei nadar, só pensei: agora o mar me devora. Fiquei inconsciente, voltei a mim na praia e muitas pessoas estavam paradas ao meu redor. Alguém havia me visto afogar e me arrastara para fora a tempo. Eu estava tão confusa que nem me ocorreu perguntar quem me salvara. Nem ao menos agradeci. Pois no dia seguinte, quando finalmente fiz a pergunta, todos deram de ombros e disseram: foi um homem desconhecido que logo após a respiração artificial deixou o aglomerado de gente.

Nos onze dias restantes das férias a água era para mim uma zona de segurança máxima. Gastava o tempo sobre o asfalto dos cafés, como se o mar não existisse, porém, onde quer que estivesse, via-me afogando. A água não parava de encher os meus ouvidos. A calma ao afogar foi seguida pelo pavor; ele não se deixava eliminar. Mais tarde falei sobre o mar, não contei nada sobre o afogamento aos de casa, tanto guardei para mim a fome de carne do mar quanto calava a respeito da fome de carne dos campos. Se eu calo, o pavor adormece dentro de mim; assim me parecia. Quando falo, ele volta a acordar. E quando escrevi a respeito transferi o lugar, inventei lagos de geleiras nas montanhas porque elas ficam bem no alto e o céu está ainda mais próximo.

Dez anos após o quase afogamento no mar eu estava tão farta das vilezas do serviço secreto que tive a ideia de acabar com essa vida de merda afogando-me no rio. Continuava não sabendo nadar e isso era bom. Mas eu também continuava odiando a insídia da água. Apesar disso coloquei duas pedras nos bolsos do casaco na beira do rio. Era primavera, o sol fraco, os novos brotos do álamo cheiravam agridoces como caramelo. Estava levemente eufórica com a ideia de poder abandonar o cerco. Sair da vida astuta e silenciosamente, eu pensava, e quando o interrogador quiser me desmontar da próxima vez, não estou mais disponível. E ele ficará monstruosamente só, parado nas manchas do sol sobre o desgraçado do chão. Que eu estava tirando a minha vida da qual teria gostado, caso ela não tivesse sido tão arruinada, não fazia mais nenhuma diferença. Eu já não existia mais para mim fora do medo de ser morta. Visto de hoje parece ilógico, pois eu tinha esse medo justamente porque queria viver. Mas eu estava com os nervos tão arrebentados e tão fixada nos fazedores do medo, que me parecia um triunfo tirar-me deles. A vingança contra eles se tornava tão plausível quando planejava o meu suicídio, que não me ocorria o quanto eu invariavelmente acabaria vingando-me em mim mesma com isso.

Havia enfiado duas pedras nos bolsos do casaco, tão grossas que as abas dos bolsos não fechavam mais. Tudo estava nos conformes, mas por que eu coloquei as pedras de volta no chão? Guardei o lugar na margem onde estavam deitadas. Eu as conhecia e elas me conheciam e eu sabia que se fosse preciso nos encontraríamos. Estava de bem comigo e muito calmamente voltei à cidade. Havia ensaiado a morte, conhecia os gestos das mãos com os quais se pode tê-la. Ela me deixou escapar mais uma vez, mas não me era contrária. Considerei isso um adiamento porque a água ainda estava muito fria, porque o sol da primavera ainda a lambia tão sonolento. Sobre isso escrevi mais tarde: "A morte me apitava de longe, eu tinha de tomar impulso até ela. Eu estava quase me suicidando, só uma pequena parte não participava.

Talvez fosse a fera d'alma".[2] E muito mais tarde montei palavras de jornal numa colagem de tal modo que as minhas pedras de rio reais transluzem como inventadas:

no centro do dia Heinrich deixou o seu trabalho
um pássaro cantava o seu alento ao vento acima do canal
uma pinta lá no céu ela balançava
a envoltura de arame como uma costura Heinrich
caminhou sobre cascalho botou no paletó e na calça as maiores
das pedras menores no agasalho com brilho de granizo
pesado como se ele nunca tivesse sido seu único
motivo a água com altura para transbordar para
submergir profunda o pássaro tem um ninho
na forquilha sufocante do freixo e no rosto um
aparelho cantante e roupa preta como de freira[3]

Como tantas outras coisas, o serviço secreto me confiscou o desejo de me retirar pelo afogamento, alguns dias após o ensaio com as pedras na beira do rio. Um interrogador que eu não conhecia me procurou na fábrica, trancou a porta do meu escritório por dentro, colocou a chave sobre a mesa, sentou-se e me pediu água. Derramei água mineral no copo, ele ficou me observando. Tanto tempo quanto ali nunca levou até um copo de água estar cheio. Embora eu mesma não soubesse o que estava pensando naquele exato momento, parecia-me que ele o estava vendo, como se uma letra corrente me atravessasse. Embora ele já tivesse trancado a porta, fez de conta, em sua espera, que só

2. Herta Müller, op. cit., p. 109.
3. Tradução realizada a quatro mãos com Markus J. Weininger. (N.T.)

poderia chegar inteiramente ali quando o copo estivesse cheio. Então ele estava cheio e eu não derramara nada. Então a água borbulhava no copo e o ar estava como que congelado. O silêncio entre mim e ele era tamanho que se podia ouvir as pequenas bolhas estalarem. Aí ele começou a gritar, encheu-se de fúria e esqueceu seu copo de água mineral. Ele colocou os cotovelos tão espraiados sobre a mesa, distendeu tanto os ombros que teve de encolher o pescoço. Sua voz se rasgou, em sua garganta a veia inchou como arame azul. Eu estava em pé, porque ele estava sentado na minha cadeira, apoiava as costas no armário e só aqui e acolá piava alguma frase sem sentido. Meu medo tomou ares de tranquilidade. Certamente ele percebera que dessa maneira não conseguiria nada, pois mudou a tática. Engoliu em seco, enxugou a testa com as costas da mão, afirmou que eu estava debochando da cara dele, embora eu nem tivesse chegado a falar, e deu uma aparência de descontração à sua voz. Ergueu a ponta da sua gravata, colocou-a ao lado do copo sobre a mesa, fitou-a como se estivesse contando as listras e disse, como se fosse me reconciliar com alguma coisa: "Tudo bem, nós vamos enfiar você na água". Então ele levantou o copo da mesa e a ponta da gravata junto, ela caiu de volta sobre sua barriga e ele esvaziou o copo numa talagada só. Quando limpou a boca, pensei nas minhas duas pedras junto ao rio e sabia que isso não viria a acontecer: "Jamais vou me afogar. Ele quer a minha morte, me ameaça com o rio, que se vire comigo, que faça esse serviço sujo ele mesmo". A partir desse dia me mantinha longe do rio, mas tão longe a ponto de não saber mais onde estavam as pedras, nem mesmo quando passava por ele com o bonde. O sol havia escorregado para o verão, a água certamente não estava mais fria.

Nas proximidades das minhas pedras floresciam cardos esféricos verde-cinza.

O serviço secreto não fez esse serviço sujo para mim e eu não para ele. O fato de ele haver bebido um copo de água de uma só talagada enquanto falava sobre o afogamento me enojou de tal maneira que depois de ele ir embora, derramei no ralo toda a água que ainda estava na garrafa e o seu copo vazio joguei no lixo para eu mesma nunca mais beber dele. E na manhã seguinte ele estava sobre a minha mesa de novo. A faxineira certamente pensou que ele fora parar lá por engano. Para ter certeza de que me livraria dele, coloquei o copo na minha bolsa no final do expediente e, numa rua secundária poeirenta, joguei-o com força contra um poste de concreto. Um caminhão estava passando, eu não ouvi o barulho; ele foi mais silencioso ao quebrar do que o borbulhar da água no dia anterior. E pela cabeça me passava uma frase que um amigo dissera em algum momento. Tratava-se, naquela conversa, da língua romena e ele dissera: "Que língua é essa, na qual sequer existe uma palavra para cadáver de água". Após a ameaça do bebedor de água essa frase tornou-se um consolo para mim: se no romeno essa palavra cadáver de água nem existe, pensava eu, o serviço secreto nem pode me afogar. Pois eu não posso me tornar algo para o que não existe palavra na língua dele. Esse lugar sem palavra no vocabulário romeno se me oferecia como um esconderijo. Eu esperava que eles não me pegassem, quando a coisa ficar séria eu desapareço, escapo para onde não há palavra. Comentei com os amigos o interrogatório, a água bebida, descrevi a gravata. Mas não mencionei que esvaziei a garrafa nem que joguei fora o copo. E muito menos o escape através do qual pretendia desaparecer.

Num verão posterior vi o cadáver de uma mulher jovem no cemitério dos pobres. Ela me tirou a ilusão de que não se pode ser afogado pelo fato de não haver palavra para esse tipo de cadáver em romeno. Ela me passou um choque e eu lhe dei duas cerejas por isso.

Na casa de um dos amigos mais uma vez havia sido feita uma busca em sua ausência. E esse controle da casa mais uma vez foi encenado como arrombamento. Nós conhecíamos o jogo, ele se repetia várias vezes a cada ano na casa de cada um de nós. Os livros e papéis estavam revirados, quadros arrancados das molduras, a barra da cortina desfeita. O dinheiro, as joias não haviam sido tocados. Quando haviam concluído a busca levavam um único pequeno objeto que não causava grandes transtornos: um despertador, um relógio de pulso, um rádio de bolso. E antes que fossem embora a porta era danificada para encenar um arrombamento. A polícia sempre já estava lá quando a gente chegava em casa. Por causa do único objeto faltante, a busca era protocolada como roubo. E algum dia chegava uma convocação para o processo. Um presidiário que cumpria pena por roubo era responsabilizado por haver roubado o objeto que fora levado pelo serviço secreto. O preso era apresentado e tinha de confessar que era o arrombador. Naquela vez meu amigo dera pela falta de um pequeno rádio transistor e ele recebeu a notícia de que o ladrão, Ion Seracu, morrera no presídio. Meu amigo tentou conseguir o endereço da família no tribunal — e alegaram que não havia parentes, que o falecido não tinha ninguém. Queríamos verificar a informação. Sabedores de que mortos que não têm ninguém vão para o cemitério dos pobres, fomos para lá. Mas também por causa do estranho nome que se dera ao pretenso ladrão: Seracu. SARAC significa pobre em romeno. O cemitério era cercado por muros de concreto muito elevados e conhecido como local onde o Estado fazia desaparecer as suas vítimas. Era por volta de meio-dia, alto verão, calor de rachar. No cemitério, a relva na altura do joelho florescia, suas cores se exibiam agressivas. E em trilhas, cães magros sem dono carregavam partes de cadáveres para cá e para lá, dedos, orelhas, dedos do pé. Encontramos o túmulo com o nome Ion Seracu. Havia um ramalhete de flores sobre ele, não flores silvestres, mas rosas. Elas ainda estavam frescas e o dia estava quente, elas não estavam ali há muito tempo. Um pouco antes de nós o morto recebera visita. De quem?

No meio do cemitério havia uma casinha de concreto. Sobre a parede alguém escrevera com tinta a óleo vermelha: "Sanguessugas". A casinha tinha uma abertura estreita, mas nenhuma porta. Junto à parede do lado de dentro havia uma pia, no meio do espaço uma mesa de concreto. E sobre a mesa estava deitada uma mulher nua e morta. As pernas estavam amarradas com arame na altura dos tornozelos, também em um dos pulsos esse arame, a amarração das mãos havia sido arrancada, podiam-se ver os cortes no pulso do outro braço. Cabelo, rosto e corpo grudentos de lama. A morta era aquilo para o que não há palavra em romeno: um cadáver de água. Um cadáver de água amarrado não era um afogado, mas um que havia sido afogado. Por idiotice eu havia comprado, no caminho para o cemitério, só porque passáramos pela feira, uma sacola de cerejas. Eu não sabia o que fazer, pus a mão na sacola e depositei duas cerejas para a morta, nos lugares onde os olhos haviam afundado na cabeça. Saímos dali, não falamos uma palavra até a saída, quase não conseguíamos movimentar as pernas. A relva era insuportavelmente bela, senti que ela estava faminta por mim. Tinha a impressão de que se enrijecia e que não nos deixaria sair pelo portão. Será que a relva cheia de flores era um presente para os mortos que não tinham ninguém ou um esconderijo florescente para os assassinatos do Estado. Ou ambos. Ou nem um nem outro, mas na pressão do medo uma necessidade burra de ordenar o que não se pode suportar. O amigo e eu comentamos com os outros do círculo mais íntimo a respeito das rosas sobre o túmulo, da casinha com a mulher amarrada. Sobre os cães e as cerejas calamos ambos, sem haver combinado. Sobre a relva eu calei sozinha, conforme estava acostumada desde antigamente.

Quando alguns anos mais tarde todos havíamos chegado aqui na Alemanha e havíamos tomado o propósito de falar sobre o desmedido nos crimes de Ceauscescu, os amigos disseram a nós dois, visitantes do cemitério, que sobre o cemitério dos pobres seria melhor nos calarmos: "Ninguém vai acreditar nisso, vocês só vão se expor ao ridículo. Isso, no máximo, fará com que nos tachem de loucos e não acreditem em mais nada". Assim nunca mencionei o cemitério dos pobres quando se requeriam de mim exemplos drásticos do regime. Servia-me de exemplos inofensivos e vi que a prevenção estava certa, já os exemplos inofensivos eram considerados exagerados por aqui. Já com esses levantava a suspeita de que não batia bem da cabeça. Lembro do tempo da ditadura como uma vida por um fio, na qual sabia cada vez melhor o que não se pode dizer com palavras.

Não abandonei esse saber com o qual a pessoa se torna ridícula, não tenho conseguido deixar de considerá-lo ao escrever. Tenho me empenhado em captar a relva do cemitério, agarrá-la pelas suas costas e pelo meu distanciamento temporal, recortá-la, através da invenção, irreconhecivelmente para a palavra. Arrastada para fora do cemitério dos pobres encontra-se no romance *Fera d'alma* como conclusão periférica que volta sempre de outro jeito: "Com as palavras na boca, pisoteamos tantas coisas quanto com os pés na grama. Mas também com o silêncio".[4] Ou: "A grama está na cabeça. Quando falamos, ela é aparada. Mas também quando ficamos em silêncio. E a segunda, a terceira grama, nascem do jeito que quiser. Mesmo assim, temos sorte".[5] Ou: "Eu queria que o amor brotasse de novo, assim como a grama cortada. Ele deve crescer diferente, assim com os dentes das crianças, como o cabelo, as unhas. Ele deve crescer como quiser".[6] E mais tarde o texto diz: "Hoje, quando falo de amor, a grama escuta. Acho que essa palavra não é honesta consigo mesma".[7]

A careca de uma mãe, a bebedeira de um pai, o caixão de acordeão de uma avó, os blocos de recibos de um avô, os rostos de uma dália, a traição de uma amiga, a beleza dúbia de uma relva de cemitério talvez pudessem ser substituídos por outros exemplos quando se fala sobre a vida. Mas também nesses outros exemplos haveria coisas que travaram conhecimento com o "lado noturno da garganta", e também para eles seria adequada a frase: "Se nos calamos, tornamo-nos incômodos — se falamos, tornamo-nos ridículos."

4. Herta Müller, op. cit., p. 7.
5. Herta Müller, op. cit., p. 8.
6. Herta Müller, op. cit., p. 159.
7. Herta Müller, op. cit., p. 160.

# 4

# PEGAR UMA VEZ — LARGAR DUAS

Cada um dos momentos do passado não poderia atravessar o meu presente de forma tão viva e nova se eu tivesse reconhecido suas intenções ao seu tempo, quando eram momentos vividos. Talvez, ao seu tempo, eu tivesse sempre de fazer ou evitar demais de uma vez só. Em cada acontecimento havia uma lacuna, o não encaixável, o extenuante esforço mental, diante de quem e quando, onde e como se deveria falar ou calar. Espionada pelo regime, esgotar o não permitido, em reuniões na fábrica, no interrogatório manifestar sua ojeriza através do silêncio, apresentar uma postura que é visível, mas não comprobatória. E, caso necessário, falar, mas não responder nada, capturar a pergunta ao fazer, a gente mesmo, uso reiterado de palavras que nela aparecem. Porém, justamente com essas palavras, correr em zigue-zague, driblar e obnubilar. Talvez, instintivamente, eu tivesse de manter o emaranhado à distância, cuidar para que não chegasse à cabeça em toda a sua extensão, acrescentar a cada sobressalto conhecido um pedaço de ingenuidade que acompanhasse a percepção, que não me deixasse compreender as suas consequências. Eu acho que existe um dispositivo para isso na cabeça, um mecanismo de defesa que funciona como uma cancela na linha do trem, que se fecha quando chega um trem em alta velocidade. Pois até hoje me envergonho do pouco que captei da extensão das coisas na época. Eu me admiro de como reconheci muito pouco a cada tempo a bagagem que ele, uma vez passado, me deixou para levar ao futuro. O depois não está nem aí com a divisão entre passado e presente. O tempo rememorado de então e o de hoje que a cada dia seguinte também já é rememorado não vagueiam cronologicamente pela memória, mas como facetas de coisas. Detalhes sempre novos se esbarram, se acoplam de outro modo, parecem diferentes em cada acoplagem. Na cabeça vagueia a extensão mais baixa das coisas. O depois é descaradamente novo em vista do que se acreditava saber sobre ele. A extensão mais baixa regateia com o presente exatamente aquilo que ao seu tempo não era nem necessário nem relevante fazer ou dizer. A mistura com o presente faz aparecer perfidamente a terceira, quinta ou vigésima faceta do tempo passado, o emaranhado de fios discretamente escondido que antigamente estava ou próximo ou distante demais dos olhos. A rememoração tem o seu próprio calendário: coisas acontecidas há muito tempo podem constituir um passado mais recente do que acontecimentos de ontem. Eu poderia dizer: encontro o meu pasente [*Vergangenwart*] no pressado [*Gegenheit*], no vai e vem do pegar e largar. Preciso dar um exemplo.

Logo após a minha chegada à Alemanha fui a Marburg e no trem encontrei INGE WENZEL A CAMINHO DE RIMINI. Em Marburg me hospedei na pousada da universidade, no parque ao lado do Lahn. Eu olhava para a água, repetia o LA e o estendia até o nome do rio LALA tornar-se como uma canção e, no céu da boca, fresco como água. No rio o cascalho não era fundo, só o parque era profundamente verde e a casa branca de reluzir. Assustadoramente belo era tudo aquilo para uma insignificante vinda de um país miserável com os nervos estourados. Por isso eu queria fazer solitariamente a minha brincadeira com O LALA, dar conta desse lugar intacto que expunha ainda mais a minha perturbação. Queria me forçar a confiar nesse lugar, acostumar-me de novo ao olhar calmo sobre o belo, não lembrar já de novo, automaticamente, que eu deixei a ditadura e que outros de quem eu gosto estão ali e continuam sendo arruinados. Talvez dessa vez a tentativa tivesse dado certo se não houvessem aparecido três patos brancos. Eles deixavam a água vazia correr para dentro de seus bicos amarelos, balançavam com as suas cabeças e com as membranas amarelo-ovo das patas, eles mastigavam as gotas e as deixavam escorrer pelos bicos outra vez. Eles não bebiam, eles comiam a água — seus bicos eram talheres dourados, suas membranas, torneiras douradas que misturavam a água quente com a fria. Nisso você não vai pensar agora, eu me propus, quando já fazia tempo que estava pensando nos talheres dourados e nas torneiras douradas do ditador. Ele ainda estava no poder quando vi os patos. E quando eu ainda vivia na Romênia corria o terrível boato de que Ceauscescu comia com talheres de ouro e tinha torneiras douradas no banheiro.

Assim se unem detalhes de agora e de então. Subitamente, sem motivo, sem permissão surge o pasente no pressado. Na época não dava crédito aos boatos sobre o dourado rei da miséria. Até que fui forçada a acreditar, já que isso se confirmou, muito depois de Marburg, no inventário da casa do ditador derrubado. Por que é que eu fui ver justamente nos patos sobre o Lahn o ditador comendo com talheres de ouro e misturando água com torneiras de ouro, embora nunca antes tivesse dado importância a esse boato. Ele circulava na fábrica sempre na hora das refeições, quando o "proletariado" desenrolava o seu pão duro e a banha de porco rançosa da folha de jornal no pavilhão quente como estufa ou frio de rachar entre as poças de óleo das máquinas, mastigava deprimido e passava a garrafa de cachaça. Eu considerava o boato uma tolice, soava a caraminhola dos despossuídos a respeito da riqueza. Porém, em Marburg, passei mal com o mastigar dourado e o misturar da água de patos brancos. Meu desprezo pelo ditador-*parvenu* era antigo, minha cabeça o conhecia. Mas minha cabeça também conhecia pelo menos três dúzias de trabalhadores que a cada dia após a minha emigração, também naquele em que vi os patos, comiam banha de porco rançosa entre as poças de óleo. Eu já havia chorado várias vezes na Alemanha quando chegava o prato que havia pedido no restaurante, porque pensava na comida entre as poças de óleo. Tinha fome, mas não apetite, pois lembrava que gosto de tantas pessoas que nem imaginam do que a ditadura os priva.

No Lahn o passado apareceu em três patos brancos. Passei mal do estômago por causa de sua mastigação da água e me deu uma vertigem na cabeça, o rio brilhava e se erguia. É ou não é um prejuízo isso, quando em lugar intacto, a mil quilômetros de distância da miséria, o ditador abominável consegue imprimir-me literalmente o seu ouro nas entranhas.

Em momentos assim, quando o presente e o passado se entrecruzam e tiram o sentido um do outro e ambos se distorcem numa dimensão inesperada, está-se completamente louca e absolutamente normal. Fica-se parada ao lado de si, esquisita, permite-se ser assaltada e protege-se ao mesmo tempo, convence-se e dissuade-se das coisas mais estúpidas. Mas convencer-se e dissuadir-se dão no mesmo. Um enrugado e hipocondríaco rei da miséria não deve ser o companheiro de três patos, procuro racionalizar. Todos os seus crimes têm menos do que nada a ver com eles. Talvez seja este o ponto: justamente esse menos do que nada abre a cumplicidade contra a evidência junto ao Lahn. Você poderia passear despreocupadamente e o Lahn poderia correr e você poderia dizer alguns dias mais tarde que foi aprazível à beira do Lahn. Porém, sobre o ouro dos patos ao comer e misturar a água você não pode contar a ninguém sobre como você está tão farta e normalmente louca. Você nunca dirá uma palavra sobre Marburg e o seu asco autoconstruído junto ao Lahn. Você se calará, mesmo quando a amiga disser junto às garrafas de água mineral da marca Lahn na loja de bebidas: você não esteve junto ao Lahn? Você dirá um breve AH LÁ e lhe parecerá como LALA e você vai mudar de assunto, como se para você fosse indiferente se o Lahn é uma água, uma rua ou uma doença. Você evita a todo custo deixar que percebam o Lahn em você, silencia e deixa outros pensarem que você não tem olhos para os lugares bonitos, para o tempo presente nesse país.

Antes dos patos sobre o Lahn havia outra coisa que mencionei no início. Na viagem a Marburg conheci INGE WENZEL A CAMINHO DE RIMINI. Não acredito que ela estivesse dormindo, ela mantinha os olhos fechados por horas a fio, sua tarefa era dormir. Vocês conhecem INGE WENZEL? Início dos trinta, cabelo loiro e solto, rosto estreito, pescoço magro com correntinha de ouro pendendo para o lado em que dormia, junto à alça esquerda da camisola branca de Inge Wenzel. Não conheço a cor de seus olhos, já que no compartimento do trem ela tinha a tarefa de dormir. Travesseiro e cobertor amarelo-fosco. A camisola branca foi a primeira coisa que me caiu na vista assim que me assentei junto à janela no compartimento. Uma camisola com alças de três dedos de largura, como minha avó havia costurado no inverno antes da minha ida à cidade para estudar. A camisola de INGE WENZEL estava dentro da minha bolsa grande de vinil na viagem do familiar vilarejo rumo ao mundo. Consigo lembrar do corte, da costura e dos truques que afinal levaram a esse modelo: o tecido era pouco, a camisola teria ficado desajeitadamente curta caso se tivesse feito a costura nos ombros. Para deixá-la mais longa minha avó teve a ideia das alças. Elas deixaram a camisola vinte centímetros mais longa. Mas ombros desnudos teriam sido igualmente desajeitados. Minha avó disse que as alças deveriam ter uns três dedos de largura, de modo que parecessem como um comportado decote quadrado. Mas o tecido só dava para alças de um dedo de largura. Ela disse que assim elas ficariam ainda mais bonitas, um pouco desconfortáveis para dormir, mas na cidade os prédios de concreto não seriam tão frios quanto os quartos do vilarejo, e o fato de a peça parecer desajeitada, ordinária mesmo, só poderia ser o correto na cidade. Após longa prova ela prendeu as alças estreitas demais e deu-se por satisfeita, guardou as agulhas, tesoura e linha, fechou a máquina de costura com a tampa, passou a camisola e a colocou na minha mala junto à "roupa para a cidade". Mas depois de alguns dias ela a tirou de novo. Começou a fazer umas bordas de crochê nas alças, uma trama com furos ovalados. As bordas de renda deixaram a camisola mais "ordinária" ainda. Não posso acreditar que ela não o tenha percebido. Nunca saberei se ela queria aumentar ou diminuir o desajeitado da peça quando fez o crochê com a trama ovalada cada vez mais larga e adornada. Ou será que ela só se crochetava de uma carreira à outra porque a camisola estava pronta e o inverno perdurava. Deve ter causado uma fascinação, pois na borda do pescoço a camisola acabou virando, a cada carreira de furos, mais e mais uma trama de cristais de gelo em suas mãos. Campo com descanso invernal, onde não passa um pé, onde orvalho e geada se encontram em equilíbrio frágil e belo. Na borda mais externa, onde o campo acaba, a neve é a mais bonita. O Sol e a Lua a mordem como vidro, ela adquire pontas como dedos da mão e do pé. Do ponto de vista daquele tempo minha camisola era uma camisola citadina com a borda invernal do vilarejo e, visto de hoje, em Inge Wenzel, uma citadina camisola do vilarejo: hibernação na aldeota, seduzida para o decote de crochê pela falta de tecido e pelos preconceitos contra as citadinas. O que quer que a minha avó costurasse, ela sempre atentava para a "comodidade" da peça. Isto é, que tivesse o dobro da largura do que o necessário. Logicamente também essa camisola que acabara curta demais era tão larga que, acredito, o tecido teria sido mais do que o suficiente, caso a minha avó tivesse pegado a largura como comprimento na hora do corte.

Inge Wenzel, portanto, passava com essa camisola do Banato suábio pelas estações de trem das cidades alemãs. Eu nunca havia usado a camisola na cidade, colocara-a bem em baixo no armário. Mas certa vez ela já me encontrou em pele alheia, num vagão-leito, por oito horas pela noite invernal de Timisoara a Bucareste. Aquela viagem transformou-se em terror de morte. Quando entrei no saguão de espera da estação, três homens, um policial e outros dois em traje civil me aguardavam. O policial confiscou a minha passagem e a minha carteira de identidade, sumiu e me deixou parada aí com os dois civis. Esses queriam revistar a minha pequena bolsa de viagem. Apontei para as montanhas de malas, sacos e caixas das outras pessoas e me recusei. Deveria me encontrar com a minha leitora de Berlim ocidental em Bucareste, nós havíamos falado por telefone e o serviço secreto havia ouvido a conversa. Eu não tinha telefone em casa, tinha de ir ao correio, encomendar um telefonema para Berlim ocidental, preencher os formulários, esperar três horas até me indicarem uma cabine. Nesse tempo o serviço secreto podia ser informado sobre cada reserva pelas "telefonistas". Também havia um guichê especial para telefonemas ao exterior no correio e as cabines eram separadas daquelas para telefonemas nacionais. Provavelmente todas as conversas ao exterior eram monitoradas, ainda que a maioria delas só tratasse de primas, meias-calças e lembranças. Os dois civis no saguão da estação eram do serviço secreto, muito bem informados sobre o que eu pretendia fazer em Bucareste. Eles queriam confiscar o manuscrito. Mas este não estava na bolsa, e sim, em Bucareste há tempo. Um amigo o havia levado um dia antes no trem noturno, sem qualquer impedimento. Na minha bolsa havia coisa pior: cartas para a Anistia Internacional, nomes de presos. Havia na bolsa alguns anos de cadeia não só para mim, mas também para várias pessoas que confiavam em mim. Os civis me comunicaram que eu não viajaria, só se fosse para o diabo que a carregue. Que eu dormiria muito melhor na cela do que no trem noturno, pois ela não balança, só em caso de terremoto, riram. Os passageiros foram empilhando as montanhas de bagagem sobre si e saindo aos poucos para a plataforma. Os dois civis cochicharam; então um deles apontou com o dedo indicador esticado para o chão, que eu não me movesse daquele lugar nenhum passo sequer, disse ele, nenhum centímetro, disse o outro, que eu esperasse ali — e eles saíram. Os outros passageiros já estavam todos lá fora na plataforma, o saguão alto e largo e vazio, havia cheiro de pó para pulgas e cloro. Empurrei a minha bolsa para o meio das pernas, fiquei parada ali, vi bem no alto as pinturas socialistas com os ceifeiros, as camponesas risonhas e pueris, cujas panturrilhas em todos esses quadros eram como os pepinos grossos e amarelos que permaneciam nas hortas no final do outono porque já estavam amargos demais. Ao lado a pintura com a fábrica, os proletários no matinal vapor avermelhado dos altos-fornos, seus longos ganchos de atiçar o fogo, seus geométricos ossos do rosto, o queixo sempre tão repugnantemente endurecido em forma triangulada, de modo que esses homens representados usavam focinhos de cão. Encostei o rosto na parede e fechei um pouco os olhos, para tentar controlar o nervosismo. Quando os abri uma barata reluzia diante do meu nariz. Ela correu pelo friso da parede afastando-se de mim; no canto, onde acabava a parede, ela despencou, caindo no chão. Ela não estava preparada para o fim da parede. Observei-a sem curiosidade, ela me era indiferente e eu a mim mesma também, minha cabeça era um recanto morto, desde que comecei a observar a barata não pensei em mais nada. Então levantei a bolsa, empurrei-a sobre o braço e abandonei esse pedaço de chão. Sem passagem nem identidade, fui em direção à porta, meus pés reagiram, não a minha cabeça. Lá fora na plataforma os dois civis me aguardavam. Naquele momento compreendi qual era o plano deles. Era como sempre um joguete sujo e astuto: eles haviam me colocado à prova, quanto eu arriscaria após a ordem de não deixar o saguão e, além de tudo, sem passagem e identidade que teriam de ser apresentadas ao cobrador no vagão-leito do trem. Eles haviam acreditado que eu ficaria paralisada no saguão, que o trem sairia sem mim. Que após a saída do trem eles voltariam e me diriam que eu perdera o trem por culpa própria, que poderia ter viajado se eu quisesse. Não teria nada a ver com eles o fato de eu ficar parada no saguão, ninguém me impedira de sair, afinal de contas eles nem teriam estado lá. Ainda existe uma variante: após a saída do trem eles teriam voltado ao saguão e teriam se "admirado" de que eu pelo visto mudara de ideia e não queria mais viajar. Eles afirmariam que haviam dito com toda a clareza que eles me aguardavam na plataforma, que eu não compreendera isso porque sou burra demais para compreender as coisas mais elementares. Ambas as variantes teriam se tornado um jogo divertido para eles, ameaças perpassadas por xingamentos, gozações vulgares, maldades desdenhosas. Porém, agora eu estava parada na plataforma e também para essa opção eles tinham uma variante à mão: eles me colocaram no meio deles e foram me empurrando alternadamente com os cotovelos e me pisando com os sapatos. Eu cambaleava no meio deles, de um lado ao outro, eles não diziam nada, mordi os lábios e fiquei muda para não lhes dar a menor oportunidade de criarem um caso por uma palavra e me manterem ali. Nenhuma palavra foi emitida nesse empurra-empurra, como se eles e eu não tivéssemos qualquer língua. Neve fina como farinha cobria o chão, nenhuma luz acesa, a plataforma escura como breu e vazia, todos já haviam embarcado. Eu me ouvia tropeçar e cair, como se fosse outra. Eu sempre voltava a levantar e cambaleava, como se os dois homens não existissem, ao longo do trem entre eles, até enfim chegar bem ao final da plataforma, onde ficavam os vagões-leito. Lá os dois se colocaram ao lado da escada do vagão, um à direita e o outro à esquerda. O da esquerda me deu a passagem, o da direita a identidade. Com uma risada irônica eles desejaram uma "ótima viagem", soou como "última viagem", embarquei no vagão e — eles também. O embarque, portanto, também fazia parte da terceira variante. Eu estava preparada para o pior: nessa noite, quando todos estiverem dormindo, eles me atirarão debaixo das rodas. No atestado de óbito constará, como sempre nesses casos, "suicídio". Eu os vi perambulando ao final do corredor, ao próximo vagão. Eles estavam de serviço e sem bagagem. Esse foi o meu maior e provavelmente pior erro, eu não deveria ter embarcado, pensei, oferecido a eles essa oportunidade ideal da viagem noturna por horas a fio por meio da planície deserta.

A minha cama no compartimento era a de baixo, mais um sinal de que eu seria buscada no meio da noite. A cama de cima pertencia a uma mulher em torno dos cinquenta anos com um coque tão alto que o penteado se parecia com um bule de chá coberto por uma pele de animal. A mulher estava parada diante da porta aberta do compartimento no corredor, me olhou de relance, deu as costas ao compartimento e ficou olhando pelo vidro da janela para a escuridão cega. Será que esse penteado de bule foi plantado no meu compartimento como cúmplice dos dois. Apresentei a passagem e a identidade ao cobrador, procurei ler de seus olhos e dos cantos de sua boca se ele estava por dentro do plano dos dois. Ele não me deu atenção maior do que ao penteado de bule. Logo depois tirei a roupa, apesar da porta aberta, mantive a meia calça debaixo do pijama, deitei na cama, me cobri, sob a coberta enfiei as cartas na meia calça, fiquei deitada um pouco, levantei de novo e fui rapidamente ao banheiro. Rasguei os envelopes das cartas, joguei-os no vaso sanitário, puxei a descarga, empurrei as cartas pela parede sob um cano enferrujado. Quando voltei, o penteado de bule ainda estava parado na janela. Voltei para a cama e contei muitas vezes as listras nas costas do pulôver da minha companheira noturna. Eram e continuavam sendo vinte e uma, até ela entrar no compartimento e começar a tirar a roupa. Virei com o rosto para a parede, quando voltei a olhar ela estava vestindo, por sobre um negligé azul-claro, uma camisola branca com alças de crochê. Aí ela empurrou as alças azul-claras bem finas dos ombros, balançou-se algumas vezes, até a peça azul-clara cair no chão, passou por cima dela com um passo largo como se estivesse transpondo uma poça. Ela ajuntou a peça azul-clara e subiu até a cama com ela. Ao desvestir-se ela fez ares de envergonhada, mas eu tinha de observá-la para saber se também estava em serviço com os dois homens. Essa peça azul-clara, mas especialmente essa camisola branca com as alças de crochê não combinavam com uma cúmplice. Ela não terá de pegar junto, talvez tenha de me anestesiar no horário combinado, um pouco antes de os dois chegarem, e quando eu estiver fora, terá de viajar, como os dois, até a próxima estação de trem, ou até de manhã, e então de volta pra casa, para a cama. Terá recebido um dia de folga para dormir. Ela adormeceu logo; mal a luz estava apagada, já roncava profundamente. Será que existia um sono tão repentino ou ela estava roncando sem dormir para me enganar. Será que ela também queria enganar com a camisola branca. Eu não podia me arriscar a adormecer. Todo o compartimento escuro e superaquecido me parecia envolto no bule de chá, o ar estava pesado, sentia os olhos tão grandes na cabeça como as bolhas brancas em sapos coaxantes. Apertei a mão sobre a boca e chorei sem som. Quando o travesseiro sob a bochecha estava molhado, comecei a me achar uma idiota com pena de si, uma miserável porcaria que entrou bem sozinha na armadilha. Virei o travesseiro para o lado seco e comecei a recitar poemas para dentro da cabeça e a cantar músicas para dentro da boca: a neve caiu branca e branca e branca branca branca e branca caiu a neve sob a neve quero deitar e deitar e deitar e olhar. Centenas de vezes cantei isso para mim, o balanço do trem combinava. Somente quando amanheceu e o penteado de bule ainda roncava, me arrisquei a pensar que os dois civis não viriam mais, que perderam o amparo da escuridão. Fui de mansinho até o banheiro buscar as cartas.

Por causa da camisola branca da INGE WENZEL A CAMINHO DE RIMINI me passou pela cabeça na ida a Marburg, essa viagem com o terror de morte. Mais tarde continuei vendo INGE WENZEL nos trens, ela viajava em todas as rotas, numa camisola que eu já conhecia em três formas: a primeira era uma camisola de despedida do vilarejo com a fascinação das pontas de neve. A segunda era a camisola do penteado de bule. E a terceira era um presente do mestre das peles. Eu havia sido despedida da fábrica de arames, tinha prestações de geladeira, tapete, móveis e o apartamento para pagar e nenhum dinheiro. Aí passei a dar aulas particulares. Dava aulas de alemão para os dois filhos do mestre de uma fábrica de peles de Timisoara. Eu não fazia questão de relacionamentos nessas casas. Pois as pessoas que tinham dinheiro sobrando para as minhas aulas eram conformistas indiferentes ou até da média nomenclatura. Eles me alimentavam, me davam acesso aos seus filhos, enquanto não sabiam que eu era inimiga do Estado. Depois de algumas semanas acontecia sempre a mesma coisa: o serviço secreto os prevenia e eles, por estarem muito satisfeitos com as minhas aulas, me despediam com desculpas forçadas. Todos eles tinham vergonha de ser tão submissos quanto eles eram.

O mestre das peles viajava muitas vezes ao exterior e trazia malas cheias de cosméticos e roupas baratas que ele vendia muito bem em casa. Certo dia ele me deu de presente a terceira boina de pele de castor roubada da fábrica e colocou no forro branco da boina, por já ser primavera, uma camisola de renda branca. A boina eu dei, já por causa do forro branco, imediatamente para uma amiga. A camisola era de *nylon* transparente e chiante da Hungria. Num prédio de apartamentos socialista ela era boa para bater os dentes no inverno e para um suadouro no verão, mas não para dormir. Parecia com uma cortina de celofane sem suporte, cortada na altura da panturrilha. Na fábrica húngara, mesmo com costura no ombro, o tecido fora suficiente para mangas curtas rodadas. Do modo como o leste empobrecido imaginava a degradação do capitalismo, parecia a camisola de plástico do mestre das peles. Comparada com a camisola de pontas de neve da minha avó a sua sensualidade havia falhado, uma imitação tendendo para a vulgaridade. Tão ordinária quanto os sentimentos de inferioridade do agente do serviço secreto nos interrogatórios quando ele se manifestava sobre o puto do oeste. Essa camisola era o plágio dos seus argumentos, uma bandeirola de inveja e desprezo. A camisola de celofane celebrava um prazer dos sentidos que não poderia surgir nesse país por causa do estado de miséria do cotidiano. Também a coloquei bem embaixo no armário e pouco antes da minha emigração vendi por uma bagatela as duas camisolas junto com um amigo no mercado das pulgas. Para atrair clientes, o amigo balançava a camisola das pontas de neve. Como ele conhecia a história do seu surgimento, fazia propaganda com o seguinte texto: "Com ela a senhora vai dormir tranquila como uma paisagem de inverno". Uma jovem mulher com muitas sardas caiu nessa e comprou a camisola. Depois ele passou a balançar a imitação húngara; ele a chamava de camisola de "foder" e gritava: "Um sonho de pluma, como do mar a espuma". Quando não havia clientes por perto, ríamos adoidado. Enfim uma mulher idosa com dente de ouro comprou a camisola de foder. O mundo está virado, constatou o amigo, a mais séria foi para a jovem e a camisola de foder para a anciã que, vai ver, acreditou atrair o amor que tanto esperou e que dará tão errado quanto a sensualidade para o socialismo. Talvez a camisola seja para a filha dela, disse eu.

Também essa história cresceu e se atravessou no presente quando vi a camisola de Inge Wenzel no compartimento do trem na viagem a Marburg. Foi a quarta forma, mas a primeira despreocupada. Pois nesse trem alemão ela não sabia que a sensação de estar à mercê pode acompanhar a viagem em trens noturnos. Que dois anos após o mercado das pulgas e meio ano antes da queda de Ceauscescu o amigo que havia feito a propaganda das camisolas no mercado das pulgas estava morto. Ele era o enforcado que escrevera "às vezes preciso morder no dedo para sentir que ainda existo" em seu último cartão. Estava pendurado sobre o vaso sanitário em sua casa. A autópisa foi negada, oficialmente suicídio. Inge Wenzel, que no caminho para Rimini dormia na parede do compartimento acima dos bancos a serviço da companhia ferroviária alemã, não sabia que a serviço se pode ser tirado do sono e ser morrido. Que nesse país do qual eu vinha isso era uma variante comum do suicídio encenado.

Parece-me que são os objetos que determinam quando, como e onde a gente se lembra de situações e pessoas passadas. Eles, que são feitos de um material inviolável, sem vida e duradouro, portanto, muito diferente do que nós mesmos, determinam a sua volta no cérebro. Os objetos se preparam para atacar por todos os lados, com o seu aparecimento casual reluzem para dentro do acontecido. Eles empurram o passado através do presente até o extremo. Embora eu esteja vendo Inge Wenzel pela primeira vez no trem alemão, sua camisola branca está comprometida, inevitavelmente a quarta forma após as três primeiras camisolas. A quarta forma, depois de eu não haver pensado mais nas três primeiras há anos. A quarta forma contra a minha vontade de pensar nisso agora, contra a minha memória. Sem a camisola de Inge Wenzel nunca mais teria me lembrado das outras três camisolas, e sem as outras três camisolas não teria me aprofundado na camisola de Inge Wenzel. Uma peça de roupa no trem determina as estações na minha cabeça. São sempre os objetos que vão construindo a sua própria cumplicidade; as pessoas e os acontecimentos ao seu redor se submetem a eles. No entanto, a maioria das pessoas daqui acredita que basta concentrar-se suficientemente no presente para esquecer o passado. Pela minha experiência, no entanto, o passado volta tanto mais nítido quanto mais precisamente a gente se envolve com o presente.

Inesperados como assaltos, os objetos de agora arrastam as minhas histórias de então para perto de mim. Neles está imbricado o atemporal, reluz com os seus detalhes berrantes antes de recolhê-los para dentro dos objetos de novo. Quanto mais precisamente observo o presente, mais ele se impõe como um paradigma para o passado. Somente sem presente eu poderia estar sem passado na cabeça.

A separação entre passado e presente, a concepção de tempo, principalmente na crítica literária, obedece a critérios espaciais na Alemanha. Na verdade, trata-se de critérios de pertencimento. Quando escrevo sobre coisas passadas há dez anos na Romênia, diz-se que eu (ainda) escrevo sobre o passado. Quando um autor daqui escreve sobre o pós-guerra, o milagre econômico ou a geração de 1968 se lê isso como presente. O passado daqui, não importa há quanto tempo passou, permanece presente, porque se passou aqui, porque compromete por meio do pertencimento. Em autores como Aleksandar Tišma ou Imre Kertész o critério temporal não é negociado porque a separação local deixa claro que eles não fazem parte. Eu, porém, vim para esse país, meu pertencimento tem de ser negociado. A partir de quando o vivido se torna passado? A partir de quando o vindouro se chama futuro? A partir de amanhã, a partir da próxima semana, ou somente no ano que vem. Ou somente em dez anos.

Na verdade eu escrevi, desde o meu primeiro livro, a partir da cidade a respeito do vilarejo a trinta quilômetros dali, sobre o passado. Embora o distanciamento espacial fosse pequeno, a disparidade era grande. Com o tema do vilarejo suábio eu estava no meu passado e no presente dos meus pais. Eles haviam me mandado para a escola da cidade por causa do meu futuro. Meu futuro custava muito dinheiro ao seu presente. Como eu vim de uma casa sem um único livro, a leitura de livros era mais do que preocupante para eles, "anormal", tudo o que é impresso é mentira, se dizia. E escrever livros era mais perigoso que uma doença. Minha mãe disse que estava preocupada comigo, afinal de contas se poderia acabar doente dos nervos por causa disso. Acrescentava-se a isso ainda que eles financiavam essa escrita sobre o meu passado e contra o seu presente, eles pagavam o meu aluguel e a minha alimentação na cidade. Minha escrita destruía as suas expectativas sobre o meu futuro, arruinava as perspectivas para uma boa "profissão" na cidade. Não foi pra isso que nós te mandamos para a cidade, disse a minha mãe. O dinheiro que pagavam para o meu futuro se voltava contra eles. Como no caso das camisolas, também ao escrever livros, desde o início o passado, o presente e o futuro acabavam se confundindo para mim.

Eu queria falar somente sobre o tempo de Inge Wenzel dormindo a caminho de Rimini. E sobre Ingel Wenzel como manequim na seção de roupas femininas das lojas eu queria falar, e um pouco sobre o seu irmão Jakob nas seções masculinas. Mas a camisola se recobre de outro tempo, retarda a história com o manequim. Os acontecimentos e as pessoas do passado não se modificam fundamentalmente na memória, eles não viram o seu oposto. Os objetos o fazem constantemente. Eles arrancam aos acontecimentos de então, ora uma insignificância arrepiante, ora uma melancolia grotesca. Eles revestem os acontecimentos *a posteriori* de outra pele, eles nos permitem uma piscadela durante a narração, sem minimizar.

Porém, antes de tratar propriamente do manequim Inge Wenzel nas seções de roupas femininas e do seu irmão Jakob nas seções masculinas, quero insistir mais uma vez na pergunta: vocês conhecem INGE WENZEL A CAMINHO DE RIMINI? Um cartaz de propaganda para os vagões-leito da companhia ferroviária alemã nos anos 1980. A imagem tinha aproximadamente vinte centímetros de comprimento e trinta e cinco de largura, sua moldura marrom-café de plástico estava fixada em muitas paredes dos compartimentos de trens. Naquela época eu também gostava da propaganda com um trem que, levemente curvado, atravessava a noite como uma cobra reluzente. Mas ela não podia concorrer com INGE WENZEL A CAMINHO DE RIMINI.

Eu estava aficionada por INGE WENZEL A CAMINHO DE RIMINI. Certo dia vi um manequim de vitrine na loja de roupas e pensei: Agora a INGE WENZEL VOLTOU DE RIMINI. Era o manequim posicionado logo atrás da balaustrada da escada rolante. Na primeira curva do caminho do cliente ela usava a roupa da estação do outono. E antes de cada nova estação Inge Wenzel havia perdido peso — as roupas de todas as estações eram grandes demais para ela em uma largura da mão e estavam presas com agulhas nas costas. Na loja Inge Wenzel ainda hoje se parece com a minha melhor amiga, que era alta e magra como uma vara e louca por roupas. Ela ia à costureira três vezes por semana. Enquanto desfilava na avenida com o seu vestido mais novo, a costureira já estava fazendo o próximo. Era essa amiga, sim, essa citadina faminta por vida e cheia de dinamismo, que sabia virar os olhos de modo impressionante, que não matutava sobre palavras, que desprezava o regime como bancarrota da sensualidade. Ela está morta, bem como o amigo que vendeu as minhas camisolas. Quando vi Inge Wenzel e seu irmão Jakob nas lojas, parecia-me que haviam colocado os jovens mortos nas lojas, encarregando-os de fazerem o desfile da nova estação. Agora eles são inanimados, imperecíveis, invioláveis — objetos. Eles introduzem a roupa nova na estação de maneira exemplar: sem sujeira, amassados, manchas de suor. Fora do âmbito dos sentimentos eles cumprem um contrato, cuidam para que as roupas das mulheres não fiquem sujas com maquiagem e batom ao serem provadas, que os homens não provem as calças com sapatos, que nenhum botão seja arrancado, que as roupas sejam colocadas no cabide e de volta ao lugar certo após a prova. E, sobretudo, que cada um pague no caixa. Inge Wenzel e Jakob atraem e vigiam. Será que os clientes se assustam com eles? Eu me assusto. Apesar de saber do manequim atrás da escada rolante, nunca estou preparada para ele. Inge Wenzel poderia acreditar que há algo de errado comigo.

Sinto-me suspeita diante de Inge Wenzel e Jakob, eles observam os clientes. Quando justamente não se está olhando para eles, eles são seres vivos, no entanto, tem um contrato de boneco de manequim com a loja, não podem se revelar como viventes. Nunca roubei nada de Inge Wenzel e de Jakob, porém, ainda assim sou perpassada por honestidade e engano. Na Romênia os ladrões flagrados eram fotografados junto com sua presa e expostos em quadros demonstrativos nas lojas, com nome e idade, como formandos da vergonha. Vinte, trinta rostos paralisados pelo medo, diante do peito muitos seguravam fósforos, um sabão ou algumas velas. Eu fui impelida a me tornar ladra de lojas pela minha própria falta de perspectiva. Mas talvez também por esses rostos dos quadros da vergonha que me eram mais próximos do que os operários do mês nos quadros de honra ao mérito, os lacaios e bajuladores que serviam à realização de todo e qualquer plano — ainda que fosse assassinato. Como se os virtuosos do regime já não me tivessem infligido medo suficiente, eu tinha de deixar também ainda o coração tremular com risco desmedido. Estava com os nervos tão acabados que tinha de roubar. Roubar ao menos grampos de roupa ou macarrão do Estado, porque ele me roubava a vida. Esse é o meu susto diante dos bonecos de manequim na loja, que eles percebem que eu já fui uma ladra de loja bastante profissional e que poderia ter uma recaída. Não me admiraria se os bonecos um dia desses, quando dobro a curva para trás da escada rolante, estivessem comendo sementes de girassol ou de abóbora que carregam nos bolsos das roupas da estação, como na época funcionários públicos, policiais, porteiros, guardas-noturnos ou guardadores dos campos ou de rebanhos. Ao recortar palavras de jornal observei a palavra "Ladendiebin" [ladra de loja] e percebi que havia dentro dela "die bin" [essa sou], que apenas preciso acrescentar a mim mesma. Recortei uma bolsa e colei sobre ela: a ladra de loja sou eu.

O passado, esse é para mim a intensificação do presente através do reconhecimento de que a vida se deixa modificar menos pela cabeça e pelas mãos do que pelos pés e objetos. E que isso também não mudará no futuro. O futuro, esse se tornará novamente a intensificação de um presente que já se foi. Hoje ainda não sei quanta bagagem ele contém para mais tarde. Muitas vezes quero saber onde Inge Wenzel nasceu e cresceu. Aí experimento os seus objetos em rimas:

No pescoço com o seu ouro [Gold] combina Detmold / com suas camisolas [Nachthemden] combina Emden / com as suas viagens [Fahrten] combina Hinterzarten / com o seu dormir [Schlafen] combina Bremerhafen / com a sua cama [Bett] combina Helmstedt / com todas as coisas [Dinge] combina Sindelfingen / com suas roupas da estação [Saison] combina Iserlohn.[1]

1. As palavras finais dos versos são nomes de cidades alemãs. (N.T.)

Quando embarcava no trem atravessava o vagão, olhava para dentro dos compartimentos e só sentava quando havia encontrado INGE WENZEL A CAMINHO DE RIMINI. Eu verdadeiramente dependia dela. No compartimento os passageiros sentavam juntos ao acaso, somente Inge Wenzel e eu não estávamos juntas por acaso. Viajantes vão e vêm quando se vai suficientemente longe. Na companhia de Inge Wenzel eu definia posições. Então embarcou uma mulher comendo um *croissant* com presunto. As migalhas lhe caíam sobre a blusa e ela a limpava após cada mordida. Só no canto da boca uma ficou presa, como uma pequena pena branca, como se a mulher camuflada de *croissant* tivesse comido uma gaivota. Mais tarde embarcou uma mulher com um sanduíche de baguete. Também ela deixava as migalhas caírem sobre sua blusa. Ela as deixou ali mesmo, só as limpou quando havia acabado de comer. Qual das duas era mais insegura que a outra. Eu não sabia. Nem mesmo se eu, ao comer diante de estranhos, limparia as migalhas o tempo todo ou jamais. Fiz o esforço de concluir algo a respeito das duas a partir da limpeza das migalhas, um sentido. Ou será que toda essa observação só mostrava como eu mesma era estranha, como era grande a minha insegurança ao sentar diante de estranhos, como eu queria me ocupar e distinguir o certo e o errado a partir de futilidades.

Em meio a todas as reflexões a respeito dos passageiros, nada me fazia esquecer que futuramente queria INGE WENZEL na minha casa, para poder observá-la quando quisesse. Nunca roubei um vestido do manequim Inge Wenzel. Mas da companhia ferroviária alemã, INGE WENZEL A CAMINHO DE RIMINI. Fiquei à espreita por meses, para estar sozinha com ela no compartimento. Ela estava muito bem afixada, tive de alavancá-la com a chave de casa. Pouco tempo depois a companhia ferroviária alemã a substituiu por outros quadros. Ela me teria sido roubada, caso não a tivesse roubado a tempo. Ela está pendurada no meu quarto agora.

# 5

# O OLHAR ESTRANHO OU A VIDA É UM PEIDO NA LANTERNA

*E o que já não estava em casa*
*vive numa saudade do cão*
*ao invés do cabelo tem a relva vasta*
*e olhos de ônibus noturno na expressão*
*de cada boca apita pão estranho*
*a maçã precoce cinza de plumas*
*o cuco mais tarde de bochechas rubras*

A PRIMEIRA COISA que se atestou sobre esse texto foi o olhar estranho. E a justificativa diz: é porque eu vim de outro país para a Alemanha. Um olhar estranho vem para um país estranho — com essa constatação muitos se dão por satisfeitos, menos eu. Pois esse fato não é o motivo para o olhar estranho. Eu o trouxe do país de onde vim e onde conhecia tudo. Por que eu o possuía ali, em meio ao conhecido, só posso expor narrando como exemplo um pequeno recorte do cotidiano daquele tempo:

No vilarejo em que cresci andei de bicicleta por anos. Por entre plantações de fumo, pomares, no vale do rio, para a beira da floresta. De preferência bem sozinha e sem destino. Só para observar a região de outra maneira do que a pé, fluindo sob as rodas e na altura dos olhos como cintos que giram e giram. Com quinze anos me mudei para a cidade. E cinco anos mais tarde conhecia tão bem a cidade que também queria ver ali os caminhos fluírem e a região girar como cintos. Após longa reflexão comprei uma bicicleta. Poderia ter sido mais rápido, mas o que me fez vacilar foi uma frase que o agente do serviço secreto havia emitido em um dos interrogatórios fora de qualquer contexto: "Também existem acidentes de trânsito". Fazia quatro dias que eu possuía uma bicicleta na cidade. No quinto dia um caminhão esbarrou em mim e me atirou pelos ares. Fiquei com alguns arranhões nas costelas e nada mais. Dois dias mais tarde tinha de ir ao interrogatório. O agente do serviço secreto disse fora de qualquer contexto: "É, de fato existem acidentes de trânsito". No dia seguinte dei a bicicleta de presente a uma amiga. Não lhe revelei o motivo para o presente, apenas disse: "Não a quero mais". Um dia depois fui cortar o cabelo. Mal tinha sentado em frente ao espelho, a cabeleireira perguntou: "E então, você veio de bicicleta?". Nunca havia dito a ela que eu possuía uma bicicleta. "Que tal se descolioríssemos o seu cabelo?", perguntou. "Recebi descolorante da França." Por que não? Eu consenti. Ao menos cabelo loiro, já que eu não posso ter uma bicicleta, pensei. Ela fez uma pasta com um pó branco e água, distribuiu-a sobre a minha cabeça. Isso ardeu como brasa. Reclamei. É assim mesmo, disse ela, é assim que o cabelo descolore. No dia seguinte meu couro cabeludo estava uma ferida só. Espantosamente ligeiro ele formou uma casca, duas semanas usei-a como uma casca de noz, aí ela foi se soltando ao pentear, como casca de pão fresco. Ela já estava terminando, não era mais visível sob o cabelo quando houve o próximo interrogatório e o agente do serviço secreto disse sem qualquer contexto: "Quem quer ficar loira tem de sofrer, não é?". Ele disse algo que não poderia saber, do mesmo modo que a cabeleireira havia perguntado pela bicicleta.

Quando relatei sobre a casca no próximo corte de cabelo, a cabeleireira disse um breve "desculpe", como se diz bom-dia. Ela não estava assustada. Ao invés disso me mostrou três perfumes franceses antes de eu ir embora, que ela queria vender. Não havia esses produtos nas lojas, era mercado paralelo e mercado paralelo era proibido. Abri um frasco após o outro, segurei-os diante do nariz. Mas não cheirei o perfume, porém o conteúdo do último interrogatório, no qual o agente do serviço secreto havia me acusado de mercado paralelo de roupas, cosméticos e divisas e me ameaçado com a prisão. Todas as acusações eram inventadas. Será que a cabeleireira só fazia negócios para si, ou ela estava me armando uma cilada.

Quando voltei pra casa sem perfume, havia no prato sobre a geladeira um bilhete com a caligrafia de uma amiga: "Queria cortar o cabelo, pena que você não está em casa". Eu sempre havia cortado o cabelo dela na fábrica, com intervalos de algumas semanas. Mas agora eu estava demitida há tempo. E no dia seguinte fui à casa dela e queria saber como entrara no meu apartamento. Ela disse que havia prendido o bilhete no trinco da porta no saguão da escada. E então de repente, no meio da frase, ela colocou o dedo verticalmente sobre a boca, pegou o telefone e o colocou na geladeira. Ela já estava desconfiada há tempo que houvesse um aparelho de escuta no telefone, disse. E enquanto o telefone dela estava na geladeira eu contei a respeito da minha geladeira sobre a qual fica o prato, para o qual o bilhete dela caminhara desde o trinco da porta. Tive de dizer tudo várias vezes, ela me interrompia constantemente com: "Você tem certeza?". E: "Você está louca?". E: "Reflita bem". Até que estourei com ela e ficamos remexendo por muito tempo nas xícaras do nosso café. O vapor passou voando pela mão dela e ela disse: "Viu, eles também estão no meu café". O mundo ia se constituindo parte por parte contra a razão. A amiga não sabia nada sobre a bicicleta, nada sobre a casca após a descoloração do cabelo. Que ela quisesse cortar o cabelo justamente no mesmo tempo em que eu deixei cortar o meu pela cabeleireira, registrei como simples coincidência, embora aí já houvesse muitos fantasmas assentados. Mas o bilhete dela somente poderia ter ido parar no prato sobre a minha geladeira por si só, como o telefone dela foi parar dentro da geladeira. A amiga era jurista, escolada em justificativas lógicas. Mas agora justamente ela procurava por explicações naturais para a caminhada do bilhete: talvez ar encanado, talvez um redemoinho entre as frestas da porta e da janela. Ela não acreditava em si mesma e também não inteiramente em mim. Ela parecia infantil. Contudo, eu queria ter acreditado nela, ao invés de ter de reconhecer que o serviço secreto estivera no meu apartamento.

Ainda me lembro de tudo tão exatamente porque aquela foi a primeira vez de muitas que se repetiram regularmente. Ou melhor, naquela ocasião o serviço secreto pela primeira vez queria que eu o percebesse.

Assim a bicicleta não continua sendo uma bicicleta por muito tempo, a descoloração do cabelo não pode continuar sendo uma descoloração, o perfume não é perfume, o trinco da porta não é trinco de porta, a geladeira não é geladeira. A unidade das coisas com elas mesmas tinha uma data de validade. Tudo ao redor parecia não ter mais certeza se era isso ou aquilo ou outra coisa bem diferente. Mais dia, menos dia só restaram coisas irrelevantes com sombras importantes. Não era fantasia, nem o prazer pelo surreal, mas essa nudez sem cerimônia ou encapsulamento, essa indiscrição com a qual tudo se havia mancomunado. Eu já estava acostumada a passar pelo apartamento ao chegar em casa e verificar o que havia mudado. Queria manter a moradia familiar com esses controles, mas ela se tornava cada vez mais estranha. Que uma cadeira do quarto estivesse na cozinha, não havia como ignorar. Mas no caso de mudanças menores, quando as descobria, não sabia se eram de hoje ou se não as havia visto ontem ou há vários dias.

Assim se ia para a cama à noite, quando um dia havia passado e nada havia sido esclarecido. Ao procurar-se, mais uma vez, destrinchar lucidamente os acontecimentos, o crânio se remexia inquieto, separado do delírio por um fio. Mesmo assim tinha-se de adormecer ao invés de refletir, desligar a cabeça, pois quando o dia amanhecia, mais um dia de coisas irrelevantes com sombras importantes se apresentava. Será que se descansa quando se sonha:

No rosto da mãe a bochecha desde o canto da boca até o olho é um canteiro de cascalho branco. Caminha-se sobre o cascalho, os sapatos rangem, uma pedra de cascalho salta para dentro do sapato direito e machuca o tornozelo. A mãe coloca o dedo indicador no sapato e tira a pedra. Chega-se até a borda do seu olho, ali há uma cerca-viva, e em frente está sentado um homem com guarda-pó branco na cadeira, acariciando um cachorro grande e diz: esse é o cão do câncer.

Com certeza pressenti que a partir de agora também a bochecha da mãe teria uma dessas sombras importantes. E eu tinha razão: no primeiro reencontro com a mãe lembrei imediatamente do sonho. Eu queria evitar o beijo na face. Porém, a mãe estica a bochecha como de costume, sem saber de nada ela insiste nisso. E eu lhe dei o beijo e gelei por dentro.

Isso aconteceu semanas após o sonho. Mas antes, logo na manhã após o sonho com o canteiro de cascalho branco, ainda houve outra coisa: eu havia me lavado, vestido e calçado os sapatos. E senti uma pedrinha no sapato esquerdo. Sacudi-a, ela era preta. E por um instante pensei: à noite ela era branca porque uma preta não poderia ser vista no escuro. E o esquerdo é direito à noite, espelhado.

Nesse cotidiano surgiu o olhar estranho. Ao poucos, silencioso, impiedoso nas ruas, paredes e objetos familiares. As sombras importantes vagueiam por aí e ocupam. E a gente as segue com um sensor que chameja sem parar e queima por dentro. É mais ou menos assim que parece a estúpida palavra perseguição. E essa é a razão pela qual não posso concordar com O OLHAR ESTRANHO como se atesta na Alemanha. O olhar estranho é velho, trazido pronto do conhecido. Ele não tem nada a ver com a imigração na Alemanha. Estranho para mim não é o contrário de conhecido, mas o contrário de familiar. O desconhecido não precisa ser estranho, mas o conhecido pode tornar-se estranho.

Dentro do que aprendi a pensar e avaliar da vida, as coisas não podem ser separadas de suas sombras. Os fatos não são o todo, o que eles causaram faz parte deles. Mas isso fugiu à minha compreensão. É um luxo bastante novo eu estar refletindo a respeito de períodos de tempo tão longos. Ele se tornou possível porque a ditadura caiu. Enquanto ela existiu eu vivia com ameaças de morte, os últimos três anos estando já na Alemanha. E nesse tempo eu geralmente pensava só no momento imediato. De um momento ao outro, é claro, porque um dia caminhava de um momento ao outro. Mas sempre dentro dos limites do dia, não além dele. Era uma escola da caminhada, cada dia tinha de aprender a caminhar de novo e contra o meu conhecimento de que ele nem pode caminhar. O decisivo ficava invisível. E agudamente visíveis os passos deixados para trás, desde indiscretamente nus, transmutando-se para encapsulados na gente mesmo.

Refletir, falar, escrever são e sempre serão um mero remediar, eles nunca conseguirão acertar o ocorrido, nem por aproximação. Quanto mais precisamente a memória guardou os detalhes, menos eu compreendo o que e como eu fui através do quê São somente um quarto ou uma metade de um lado que podem ser conhecidos e, mesmo esses, cada vez que procuro fazê-lo são diferentes. Pensar claramente, para que as coisas comecem a transmutar-se para valer.

E mesmo assim, ou exatamente por isso, ao comparar-se com pessoas que numa vida mais livre podiam regularmente esquecer-se de si por longos intervalos de tempo, se sabe muito sobre si mesma e sobre o seu meio. Na verdade demais, e por isso tão pouco. Não porque se tem uma memória melhor, mas porque se foi forçada a isso. Porque não era possível esquecer-se de si enquanto algo estava acontecendo. Toda pessoa gosta de se esquecer de si, é mais fácil quando acontecem coisas do que quando elas acontecem constantemente com a gente mesmo.

Foram as coisas pelas quais eu passei sem conseguir me manter discreta é que me obrigaram a vir a saber da maioria, contra a minha curiosidade, o meu propósito, para além dos limites e contra os meus nervos. Os dias narrados acima mostram que bicicleta e descoloração de cabelo, geladeira e cascalho se alternam. Mas a sombra importante permanece na alternância de todas as coisas irrelevantes, porque a ameaça permanece.

Pode-se e deve-se tirar a simples conclusão: quanto menos livre um país é, quanto mais se é observado por um Estado, com mais coisas se tem a ver, mais dia, menos dia, de modo desagradável. Tanto mais raramente é possível esquecer-se de si. A autopercepção acontece automaticamente, a gente é observada, julgada; portanto, também tem de observar a si mesma. A perseguição não acontece tão somente quando se tem de prestar contas no interrogatório. Ela está infiltrada nas coisas e nos dias que por fora não deixam transparecer nada. Por isso a gente se desabitua das partes da vida ausentes do dia, do casual que carrega consigo sem julgamento e propósito. O cuidado constantemente necessário transporta o dia para um papel milimetrado. A passagem das coisas sem rastro, um olhar distraído torna-se impossível. A palavra "gucken" [ver], e o modo como ela é usada aqui para todo tipo de olhar, é para mim justamente esse olhar distraído a que eu não podia me dar ao luxo. Eu tinha de olhar, o que ainda não significa enxergar. Somente interpretar ao mesmo tempo o que se viu significa enxergar.

No Estado controlado cada situação do perseguido demanda um registro. Esse tem de ser tão preciso quanto a observação e o registro do Estado.

O próprio milímetro vivido tem de enfrentar o milímetro estranho do observador. O ameaçado realiza uma necessária adaptação de seu modo de vida à tática do perseguidor.

O perseguidor trabalha numa missão estatal com a sua observação. É seu dever de função saber disso. O ameaçado por sua vez observa o perseguidor para proteger-se dele. O perseguidor pratica o ataque, o ameaçado, a defesa.

O perseguidor não precisa estar fisicamente presente para ameaçar. Ele de qualquer maneira está fincado como sombra nas coisas; ele colocou o temor na bicicleta, na descoloração do cabelo, no perfume, na geladeira e tornou objetos comuns e inanimados ameaçadores. Os objetos privados do ameaçado personificam o perseguidor.

É bem verdade que o perseguidor também aparece pessoalmente em intervalos calculados de tempo, que são necessários para manter a ameaça. Num dia desses, da presença física, ele é para o olho do ameaçado um caos voejante de emersão e submersão: está parado diante do apartamento como leitor de jornal, depois no bonde, embora não tenha sido possível vê-lo no ponto de parada. Ao desembarcar ele desaparece. A qualquer momento, ao entrar ou sair da padaria ou da loja de roupas ou na sala de espera do médico ele está lá de novo, ou já foi embora. A qualquer momento, o seu alvo sentou-se num café, ele vem vindo de bicicleta, estaciona-a e toma lugar na mesa ao lado. O alvo está sentado no ônibus a caminho de casa e ele o acompanha de carro. Que corre e corre. E dias depois, no interrogatório, a gente se admira que o dia do espião visível nem é mencionado, mas apenas os dias nos entremeios, nos quais o espião não estava visível fisicamente. A gente tem de desabituar-se a crer no que vê.

O fato de o perseguidor não estar apenas fisicamente presente, mas também poder observar a partir das coisas mais íntimas que o personificam, o ameaçado sente-se, o que quer que ele faça na sua casa consigo e com os seus objetos, olho no olho com o seu perseguidor; ele observa a si mesmo e o outro ao mesmo tempo. Surge uma recíproca troca de olhares, ambos à espreita, influenciando-se mutuamente, um furioso círculo fechado. O campo magnético do qual um lado não pode deixar o outro sair. O campo magnético mais perigoso é o do interrogatório.

No interrogatório a acusação não se limita às observações do espião. Ela se serve dos fatos acontecidos apenas como esboço, para desandar no construto imponderável. Mas como esboço ela é importante. O acusador precisa saber quais e quantas invenções ele pode adicionar aos fatos. Em seu mosaico precisa reinar uma lógica pedante, para que ele mantenha o controle da situação. Que algo não tenha acontecido não é um defeito, mas uma vantagem. Na invenção o acusador pode movimentar-se mais livremente do que na limitação da realidade pronta.

O melhor que o acusado pode fazer a partir de sua situação defensiva, constituída exclusivamente pela insuficiência, é uma contestação que responda à invenção. A palavra NÃO seria óbvia, ela poderia e deveria ser dita e repetida como defesa. Porém, na defesa, o NÃO é a palavra mais estúpida. Ela é muito curta, ela se perde e não faz o acusador parar para ouvir. NÃO é o contrário de defesa no interrogatório; se o acusado diz NÃO, ao invés de falar, ele desistiu de si e deixa a acusação atropelá-lo. Além disso, quanto menos ele fala, mais tempo dá ao acusador para a ampliação do construto.

FALAR no interrogatório significa responder à invenção. Como acusado, a gente deve esquecer-se de quem realmente se é. Deve-se lidar com aquela pessoa que se representa na invenção — mas sem confundir-se com a invenção. Deve-se ficar rigorosamente preso à invenção, jamais se deve ir além do seu conteúdo acreditando que assim se poderia evitar a próxima invenção. Com detalhes que escapam à invenção só se abrem portas que o acusador por si só talvez não tivesse aberto. Surgem novas nuances ou verdadeiros ataques em cadeia a partir de uma única palavra que se falou demais. Nunca se deve dizer alguma coisa como defesa que a acusação já não estava dizendo de qualquer maneira. Nunca se deve fazer uma contrapergunta. Não se deve perturbar o sentimento de superioridade do acusador. Mas quando se está na vez, deve-se falar até ser interrompido. Dizer NÃO repetidamente e calar no entremeio deixa o acusador enfurecido. Ele se sente ignorado, o que compromete a sua autoimagem. Ele quer ocupar o acusado, necessita de cooperação. O acusado tem de estar presente com toda a sua cabeça e com toda a sua cabeça estar do lado de fora e verificar constantemente se estão sendo remoídas acusações antigas ou se agora se trata de alguma nova culpa. O maior cuidado deve-se tomar ao remoer interrogatórios anteriores, para repetir a si mesmo com exatidão, de preferência com as mesmas palavras. Deve-se estar tão distanciado de si quanto do acusador, sem se tornar indiferente a si mesmo. Só assim se pode ajudar a si mesmo. Só se tem uma chance na reciprocidade da magnética troca de olhares.

Mas só se tem uma cabeça. Quantas diferentes partes de pessoas a gente se torna em cada interrogatório e quais delas desaparecem ou permanecem no crânio, quando ele acabou e o próximo está praticamente certo?

A própria cabeça se torna tão louca quanto a tática de destruição do Estado e normal em seu contexto, o contraolhar magnético em direção à segunda natureza e ao pretenso amparo.

Só depois de perseguidos deixarem o Estado de controle eles conseguem sair do círculo magnético. O olhar-ao-seu-redor em compassos curtos, o olhar adestrado e profundamente inquieto é um olhar deformado. No novo ambiente, onde a maioria não o possui, ele chameja no rosto. O olhar estranho trazido é velho. Novo nele só é o fato de chamar a atenção entre olhares intactos. Ele não se deixa desligar de uma hora pra outra, talvez nunca mais.

Pessoas intactas sentem esse olhar muito rapidamente. Elas acreditam que esse olhar esteja surgindo agora e consideram a si e sua região como causa para esse fitar tenso. Com relação a esse olhar já ouvi várias vezes a palavra "intransigente" vinda de pessoas intactas. Que com esse olhar "intransigente" não devo me admirar que o Estado de controle tenha me maltratado. Essa observação presume que eu teria forçado a ditadura à perseguição e não ela me forçado a esse olhar.

Que as pessoas daqui fiquem tão irritadas com estranhos, que se inquietem tão sem razão e sem medida, que se distanciem tão intuitivamente, tem a ver com esse olhar. Não quero defender o olhar estranho. Ele realiza o seu trabalho sem poupar inocentes, expõe o seu nervosismo porque não pode agir de outro modo. No compartimento do trem, no supermercado, na sala de espera ou na floricultura ele se aproxima tanto e tão desvairadamente das pessoas com sua observação, como elas não estão acostumadas. Ele perpassa rostos e gestos estranhos e constata rapidamente, do modo como treinou durante anos: mal olhou e a interpretação se encaixou. Ele compreende o intacto tão pouco quanto este a ele, tira conclusões erradas, muitas vezes drásticas que não são corrigidas. O olhar estranho sai agressivamente numa defesa que de modo algum é necessária. Ele necessita do medo habitual e da constante irritação em compassos curtos, recarrega-se em quem lhe aparecer pela frente, serve-se de pessoas não envolvidas. A estas ele imputa má intenção, a fim de que, como resposta a isso, possa se defender: indiferença, frieza, malícia. E quando o parceiro é simpático, ele presume hipocrisia. Não se consegue satisfazer o olhar estranho, pois ele confunde os não envolvidos com a própria vida que trouxe consigo, ele fica ofendido e tende à justiça própria. É bem possível que o olhar estranho ajude a causar — em constante provocação —, mas sem escolha, a inimizade que ele produz nos não envolvidos. Ele se expõe como se tivesse algo a esconder. A duplicidade das coisas irrelevantes com sombras importantes está fincada no olhar estranho, a contradição de desnudar-se e encapsular-se ao mesmo tempo. Ele se parece com as coisas do seu mundo controlado de então.

Certa vez eu comprei um postal de uma paisagem da Baviera, na qual havia uma frase de Herbert Achternbusch: "Esta região me destruiu. Eu não a deixarei, até que se perceba isso nela". Essa frase engraçada é muita séria em sua filosofia. Ao lê-la naquele tempo, só tive de mudar um pronome, para fazer dela o mais breve e grandioso retrato do emigrante político: "Esta região me destruiu. Eu não a deixarei, até que se veja isso em MIM". Que se possa ver isso NELE, esse é o olhar estranho. E bem mais tarde escrevi a frase: "O que se carrega para fora da região se carrega para dentro do rosto".

O fato de o olhar estranho contribuir para provocar o seu efeito sobre intactos é apenas um lado. Também intactos vão à defesa que nem é necessária. Também eles projetam sobre o olhar estranho aqueles motivos dos quais necessitam para escapar do rastro do prejuízo.

No crepitar entre os daqui e os estranhos há dois lados em jogo. Mas o que se deve compreender por um olhar estranho, o conteúdo do conceito foi cunhado tão somente pelos daqui, pelos intactos. É a sua região, sua língua. Eles fizeram de sua visão um consenso no qual possivelmente não se possa mais mexer: o olho estranho se irrita com o país estranho. Essa convicção é útil aos intactos; pode-se, polidamente, manter distância de estranhos. Se o prejudicado explica o seu olhar estranho de outro modo, mostra-se discordância. Saber quantos cacos alguém assim traz consigo para dentro de um mundo em bom funcionamento amedronta. No consenso "o olho estranho se irrita com o país estranho" está embutida a esperança de que esse olhar desapareça quando a pessoa se acostumar ao novo país.

Como também ainda escrevo, o olhar estranho me é atestado num duplo equívoco. Ao equívoco de que eu teria o olhar estranho desde que estou na Alemanha acrescenta-se ainda um equívoco dos profissionais de literatura. Eles consideram o olhar estranho como uma peculiaridade da arte, uma espécie de ofício que distingue escritores de não escritores. Somente com o passar do tempo fui perceber que escritores requerem orgulhosamente esse equívoco para si e ajudam a mantê-lo. Não é raro eles convencerem a si mesmos e a outros de que escrever seria diferente de qualquer outro trabalho. Sobre o artista pesaria uma carga da qual os não escritores seriam poupados. Autores estilizam o seu trabalho para um estado de exceção da existência. Eles gostam de deixar a sua particularidade ser admirada como uma folhinha de ouro. Eles vendem o olhar estranho como virtude.

O olhar estranho não tem nada a ver com o fato de escreverem, mas com a biografia. Conheço uma mãe que sobreviveu a Buchenwald e que nunca permitiu que sua filha usasse sapatos com sola de madeira e jamais permite que se asse carne em sua presença. Que num piquenique, no campo verde, de repente olha para o céu e, como se tivesse se retirado de si mesma, diz: "Este lugar é tão lindo como o monte Etter"[1] e continua comendo, como se apenas tivesse descrito o dia de verão. Suas imagens se associam exatamente como as de um Jorge Semprún: belas mulheres na noite de um bar parisiense colocam a morte diante dos olhos. E a neve sob as lanternas acesas das ruas do *boulevard* reflete para dentro do campo da morte de Buchenwald. Ele escreve, ela não escreve, essa é a diferença. O olhar estranho lhes é comum.

Conheço ainda da infância, quando eu mesma não possuía o olhar estranho, a gana da minha mãe por batata, essa mistura de repugnância e voracidade, medo e fervor febril ao comer. Em 1945 a minha mãe aprendeu a odiar e a amar a batata, aos dezenove anos, como deportada para trabalhos forçados no vale do Donez, atual Ucrânia. Ela amaldiçoava e adorava as batatas, foi empurrada para a fome crônica pelas batatas, que nunca eram suficientes. E as nutritivas batatas arredondaram o corpo em pele e osso da mocinha novamente. As batatas eram o alimento básico, o motivo para morrer de fome ou sobreviver. Minha mãe sobreviveu e se encontra em eterna cumplicidade com a batata. Nenhuma outra pessoa tem esse olhar ao comer batata, essa respiração para a qual, por mais que se procure, não existe qualquer

1. O campo de concentração de Buchenwald ficava no Ettersberg (N.T.)

palavra no idioma entre fastio e voracidade lingual. Como se hoje, isto é, cinquenta anos depois, a cada batata ela tivesse de, desviando da vida, passar para a morte, ou o contrário. Ela olha para o pedaço de batata sobre o garfo até ele estar bem próximo da boca, os olhos virarem e umedecerem. Ela nunca enfiou o garfo tão profundamente no pedaço de batata a ponto de este se quebrar. Até hoje ela não deixa migalhas de batata no prato. Já quando criança eu não gostava de fazer as refeições junto com ela, porque eu tinha de pedir à lâmpada na cozinha, à mesa e às batatas no seu prato que a ajudassem a não comer sempre assim e eu não ter de assistir a isso sempre assim.

Eu não tinha permissão para usar faca para nada; diziam que eu ainda era muito pequena. Só descascar batatas eu tinha de aprender. E ela cuidava para que as cascas sempre ficassem regularmente finas como uma pele, que eu conduzisse a faca com um movimento e que a casca formasse longas roscas. Naquela época ela já tinha batatas suficientes há muito tempo, tantas que mesmo as galinhas e os porcos as recebiam como alimento. Mas o controle ao descascar permanecia, como se o que e como eu seria mais tarde dependesse da casca da batata. Por causa da sua cumplicidade eu tinha de aprender a recortar a minha vida ao descascar batatas. Nada no mundo ela me explicou e demonstrou tantas vezes quanto a arte de descascar batatas. Porém, ela nunca disse qualquer palavra sobre o porquê de isso ser tão importante para ela. E sobre o campo só frases escassas. O fato de eu me chamar Herta porque a sua melhor amiga no campo se chamava assim e morreu de fome, foi a minha avó que me disse. Nunca perguntei à minha mãe se ela vê duas pessoas em mim. Todos os detalhes sobre o campo eu conheço de outras pessoas e de livros. Acredito que ela mesma só imagina o campo ao comer batata, para não ter de imaginá-lo ao falar. Ou será que ela também imagina o campo ao me chamar pelo nome. Nesse caso, sem dúvida, ela se sente capaz de muita coisa.

Muitos anos depois eu escrevi: "Uma batata quente é uma cama quente". Mas o que é isso, se comparado à cumplicidade com a batata. E o que é isso, se comparado à memória de uma falecida que se mantém viva através do nome de uma criança que a gente mesma gerou.

Considerar o olhar estranho como consequência de um meio estranho é tão absurdo porque o contrário é verdadeiro: ele vem das coisas familiares, cuja naturalidade nos é roubada. Ninguém quer abrir mão da naturalidade, cada um depende de coisas que se mantém conformes e não abandonam a sua natureza. Coisas que se pode manusear sem espelhar-se nelas. Onde começa o espelhamento só se realizam processos de queda, olha-se de cada pequeno gesto para o abismo. O acordo com as coisas é precioso porque ele nos poupa. A isso se chama naturalidade. Ela só existe enquanto não se sabe que se a tem. Acredito que a naturalidade é o que temos de mais descontraído. Ela nos mantém a uma distância conveniente de nós mesmos. Não estar disponível para si mesmo é a mais perfeita proteção. E a maior dificuldade na naturalidade que escapa consiste não em ela deixar as pessoas abandonadas em algo isolado, enumerável, mas que muitas coisas ao mesmo tempo não podem mais ser harmonizadas com elas. Uma sensibilidade que voeja e salta vai crescendo sem parar. A constante autopercepção é incestuosa para com o ambiente externo e uma infidelidade na própria pessoa. Como um fio sente-se literalmente os nervos extenuados no corpo e não se pode lançá-los fora. A gente fica farta de si mesma e é obrigada a se amar.

Nos anos em que me encontrava nesse estado, desejei muitas vezes a loucura para me livrar de mim sem ter de me matar. Eu esperava um outro tipo de naturalidade da loucura, uma que não precisasse mais de mim, porque não me conheceria mais. Naquele tempo não compreendi por que um amigo que trabalhava num manicômio me repreendeu. Eu achava que ele me repreendera porque gostava de mim. Mas ele me repreendeu, e com razão, porque eu não sabia o que estava dizendo. Certo dia ele me levou ao manicômio, entre os campos fora da cidade. Ele era roqueiro e fazia música para os loucos. Ganhava o seu dinheiro com isso desde que as apresentações públicas de roqueiros haviam sido proibidas. Ele levava os seus discos de vinil ao sanatório e deixava a vitrola tocar: *beat*, *rock*, *jazz*, canções, do jeito que viesse. E os doentes se comportavam do jeito que viesse. Cantavam, balançavam-se ou permaneciam ausentes, inacessíveis e imóveis. Se eles compreendiam algo ou apenas utilizavam o tempo da música para não ouvir as muitas gralhas nos choupos ou o tumulto no crânio, eu não sei.

O que eu sei: não vi ali nem uma única pessoa enlouquecida por causa de perseguição política que tivesse readquirido a naturalidade como delírio. Os doentes políticos martirizavam-se continuamente em sua loucura com os medos que haviam trazido da normalidade. Esses medos recitavam-se o dia inteiro em seus corpos através de tremedeiras, choros e câimbras. Tormento extremo e completa ausência andavam juntas. Depois de certo tempo de visita sabia-se quem havia sucumbido a uma desgraça privada e quem ao terror do Estado. E o que me surpreendeu ainda mais foi que eu vi condições conhecidas, nas quais eu mesma me encontrava temporariamente. Apenas que para os loucos elas não tinham interrupções para tomar um fôlego. Eu vi as minhas próprias condições às quais havia me acostumado como fase preliminar ao delírio:

Que às vezes não consigo ler o relógio por cinco minutos e depois consigo lê-lo de novo e não compreendo por que o meu cérebro estava desligado há poucos minutos atrás. Que às vezes o despertador sobre a mesa faz o barulho de um ônibus, que eu sei que é o despertador e ainda assim tenho medo de um acidente. Que eu tenho de desligar o despertador porque ele quer ser um ônibus e uma hora mais tarde o ligo novamente porque o ônibus já se foi.

Também tive de pensar nos dias em que as formas dos objetos me torturam: dirijo-me à mesa de um café de rua, ela é redonda. O Sol brilha sobre ela e é redondo. A garçonete chega com um pano molhado e limpa a mesa. Sua bandeja é redonda, as fivelas de seus sapatos, seu bracelete é redondo, seu relógio. Os botões de sua blusa são redondos, as pupilas recheadas de marrom em meio ao branco do olho. Peço um sorvete, meio animada com a forma redonda do dia, porque as bolas serão redondas. Mas, quando ela traz o sorvete, também o pote é redondo, o copo de água e os círculos molhados, quando o afasto. As pontas dos meus dedos são redondas. E por último também as moedas com as quais eu pago a conta. Esses acúmulos também se davam com mulheres grávidas, muletas ou pessoas que tinham um dedo a menos.

Após a visita ao manicômio nunca mais desejei ficar louca, mas procurei manter, de todas as maneiras, a sanidade mental.

Não queria mais dar o meu corpo de presente para o delírio, como local de exercício, não queria me torturar sem me conhecer.

Quem acredita que conseguiu alcançar o olhar estranho através de exercício estilístico e compreensão linguística não sabe quanta sorte teve por haver escapado a esse olhar. Ele não sabe que é desdenhoso em relação a não escritores e que pavoneia sua vaidade justamente naquele lugar onde a maioria das pessoas sucumbiu não escrevendo. Ele não sabe o quanto a sua atitude se mostra atrevida e irrefletida. O olhar estranho não tem nada a ver com literatura. Ele está ali onde nada tem de ser escrito e nenhuma palavra tem de ser dita: nas solas de madeira, ao assar carne, no céu do piquenique, nas batatas. A única arte com que ele tem de lidar é conviver com ele.

Às vezes digo a mim mesma: "A vida é um peido na lanterna". E quando isso não ajuda, conto uma piada para mim mesma:

Um homem idoso está sentado sobre o banco em frente à sua casa e o vizinho passa e pergunta:

E aí, o que está fazendo, sentado e pensando?

E ele responde: Não, só sentado.

Essa piada é a descrição mais breve para a naturalidade. Conheço a piada há vinte anos e me assento ao lado do velho sobre o banco. Mas realmente acreditar nele, até hoje não consigo.

# 6

# A FLOR VERMELHA E A VARA

Nas reuniões, com as quais as pessoas na ditadura gastavam grande parte do seu tempo, revelava-se a imagem mais clara do discurso na sociedade controlada da Romênia. Provavelmente não somente nessa ditadura. Tudo o que fosse meio autêntico, cada sopro pessoal, cada contração individual dos dedos era inexistente nos oradores. Eu via e ouvia personagens permutáveis que, afastando-se do ser humano individual, haviam adotado a mecânica sem atritos de uma posição política, a fim de corresponderem à carreira. Na Romênia toda ideologia do regime era amarrada pelo culto à imagem de Ceauscescu. Com o mesmo método que o padre do vilarejo procurara implantar o medo de Deus em mim, quando criança, os funcionários espalhavam a sua religião socialista: o que quer que você faça, Deus está vendo você, ele não tem limites e está em todo lugar. O retrato do ditador exposto milhares de vezes no país se imprimia ainda mais por ser regado com a sua voz. Através da transmissão por horas a fio de seus discursos no rádio e na televisão essa voz deveria pairar no ar como controle a cada dia. Essa voz era tão conhecida por cada pessoa no país como o sussurrar do vento ou a chuva caindo. Sua dicção, os gestos que a acompanhavam tão conhecidos como a onda do cabelo sobre a testa, os olhos, o nariz, a boca do ditador. E o sempiterno remoer das mesmas peças pré-fabricadas era tão conhecido como os ruídos de objetos do cotidiano. A repetição das peças prontas não garantia mais, de todo, o reconhecimento pelo discurso. Por isso, em aparições públicas, os funcionários esforçavam-se para imitar os gestos de Ceauscescu. O mais alto porta-voz do regime havia absolvido as quatro séries do primário e não tinha somente problemas com conteúdos mais complexos e a gramática mais elementar. Acrescentava-se ainda um distúrbio articulatório. Na troca de vogais e sequências rápidas de consoantes ele ficava com a língua presa, ele gaguejava. Procurava desviar a atenção desse distúrbio com uma fala silábica entrecortada que mais parecia um latido, e um constante gesticular das mãos. Por isso a imitação de seu modo de falar trouxe consigo uma distorção especialmente estranha e tragicômica da língua romena.

Naquele tempo eu dizia muitas vezes que os funcionários mais jovens no país eram os mais velhos. Pois eles conseguiam produzir a imitação do ditador sem esforço, como parecia, e mais perfeitamente do que os mais velhos. É claro que eles também precisavam mais disso, a sua carreira mal começara. Mas depois de haver lidado com crianças de jardim de infância, não fui poupada da opinião de que o que os funcionários jovens faziam nem era imitação. Eram eles mesmos, eles não possuíam outros gestos que fossem próprios.

Durante duas semanas fui professora de jardim de infância e percebi que a imitação de Ceauscescu já era evidente em crianças de cinco anos. As crianças eram aficionadas por poemas do partido e canções patrióticas e pelo hino nacional. Fui parar nesse jardim após um longo período de desemprego devido às minhas demissões da fábrica e de algumas escolas que não me queriam mais por causa de: "Individualismo, inadaptação ao coletivo e falta de consciência socialista". O ano letivo havia iniciado há tempo, eu deveria substituir uma professora que contraíra febre amarela e com cuja recuperação não se poderia contar tão cedo. Eu pensava, quando aceitei o trabalho, que não poderia ser tão ruim como nas escolas. Um pouco de infância ainda deverá existir neste país, a destruição vazia e constante através da ideologia não se poderia aplicar a crianças tão pequenas, ali ainda haveria bloquinhos de construção, bonecas ou danças. Eu também não tinha dinheiro algum, mas dívidas e prestações do apartamento que tinham de ser pagas a cada mês. Sabia que no meu caso não seria nada bom passar a depender de aluguel. Pois cada proprietário teria me colocado na rua na primeira ameaça do serviço secreto. Eu vivia às custas da minha mãe, uma agricultora vinculada à LPG que tinha de dar um duro danado para me manter.

A diretora do jardim conduziu-me até o meu grupo no primeiro dia de trabalho. Quando entramos na sala ela disse em tom quase enigmático: "O hino". Automaticamente as crianças se posicionaram em semicírculo, apertaram as mãos bem estendidas sobre as coxas, esticaram os pescoços, voltaram os olhos para cima. Crianças haviam pulado de suas mesinhas, mas no semicírculo estavam cantando soldados em posição. Mais do que cantar, gritavam e latiam. O que importava, pelo visto, era o volume e a postura corporal. O hino era muito longo, ele havia recebido o acréscimo de algumas estrofes nos últimos anos. Eu acho que naquele tempo ele havia atingido a sua extensão de sete estrofes. Após longo período de desemprego eu estava por fora, o texto das estrofes novas eu nem conhecia. Após a última estrofe o semicírculo se desfez, entre pulos e gritos os soldados tesos transformaram-se novamente num bando de indomados. A diretora tirou uma vara da estante. "Sem ela não dá", disse ela. Então sussurrou no meu ouvido e chamou quatro crianças. Eu deveria olhar bem para elas, disse, e mandou as quatro de volta aos seus lugares. Então ela me iniciou nas funções de seus pais e de seus avós. Um menino era até mesmo o neto do secretário do partido, aí se deveria tomar um cuidado todo especial, disse. Ele não toleraria ser contrariado e também se teria de defendê-lo diante dos outros, o que quer que aprontasse. Então ela me deixou à mercê do grupo. Na estante havia umas dez varas, galhos de árvore da grossura de um lápis e comprimento de uma régua. Três estavam quebradas.

Do lado de fora caíam os primeiros flocos grandes e desgrenhados de neve, que nesse ano permaneceram. Perguntei ao grupo qual canção de inverno gostariam de cantar. Canção de inverno? Não conheciam nenhuma. Então perguntei por uma canção de verão. Eles menearam as cabeças. Então por uma de primavera ou outono. Finalmente um menino sugeriu uma canção sobre apanhar flores. Eles cantaram sobre a relva e o prado. Está aí uma canção de verão, sim, pensei, embora não haja essa categorização aqui. Logo a seguir chegou o momento: após a primeira estrofe sobre o verão a canção rumava para o culto à imagem do governante na segunda. A flor vermelha mais bonita era dada de presente ao amado guia. Na terceira estrofe o guia se alegrava e sorria, pois ele era o melhor para todas as crianças no país.

Os detalhes da primeira estrofe, o prado, a relva, a colheita de flores nem eram registradas nas cabeças das crianças. A cantoria toda, desde a primeira palavra, soava febril, ela agitava as crianças. Elas cantavam cada vez mais alto, mais brusca e rapidamente, à medida que se aproximava o presente da flor e o sorriso do guia no texto. Essa canção que concedia uma estrofe ao verão proibia o registro da paisagem, da qual partia. Mas do mesmo modo proibia que registrassem o ato de presentear. É bem verdade que muitas vezes Ceauscescu segurava crianças nos braços, porém, antes elas eram mantidas por dias em quarentena médica, para excluir a possibilidade de transmissão de alguma doença. A canção exigia ausência de espírito ao cantar. Ela mantinha sob controle tudo o que acontecia no jardim de infância.

Eu conhecia algumas canções de inverno da minha própria infância. A mais simples era: "Schneeflöckchen, Weißröckchen".[1] Cantei a música, expliquei as palavras e que qualquer hora dessas cada um deveria observar como a neve cai do céu sobre a cidade. Os pequenos rostos me olhavam reservados. O espanto que protege, ainda que amedronte, o ouvir e o ver condensado em imagens poéticas, que dá amparo mesmo onde torna sentimental — esse era propositalmente afastado deles. A beleza da neve caindo, que desde tempos imemoriais pode ser contemplada a sós, não entrava em questão. Também nesse âmbito o país havia se afastado da história dos sentimentos. Era evitado que imagens linguísticas como "vestidinho branco" ou "você habita nas nuvens" ocupassem a mente das crianças. A canção da neve também era muito silenciosa para esses precocemente se-

1. Floquinho de neve, vestidinho branco (N.T.)

duzidos. Sua emoção só era liberada ao latirem com a postura retesada. Compreender-se como indivíduo e a partir desse ponto suportar os detalhes em si e nos objetos, o que faz parte de uma socialização civil, não era permitido. Esse impedimento do pessoal conduzia cada vida individualmente ao ponto em que, em todos os aspectos, não se estava à altura dela. E era exatamente o que o Estado queria: a fraqueza deveria começar naquele lugar onde reside a própria pele, fina demais. A fuga da fraqueza oferecida pelo regime era bajulação da força do poder, renegação de si e subserviência como chance para progredir. Uma capacidade de percepção que se ergue por si mesma, que consegue se arranjar sem essa fuga não deveria ter a possibilidade de surgir.

Nesse primeiro dia de trabalho no jardim de infância eu disse que as crianças deveriam vestir os seus casacos, gorros, sapatos, que sairíamos ao pátio, para a neve. A diretora ouviu barulho no vestiário. Ela abriu a porta do escritório com violência. Eu disse que se tratava de uma canção sobre a neve e por que eu deveria explicar para as crianças dentro da classe como caem os flocos. Dentro de meia hora estaríamos de volta à classe. “O que é que você está pensando”, gritou ela. “Essa canção não se encontra em nenhum programa.” Tivemos de voltar para a classe. Brincadeiras e pausa e lanche, depois novamente a canção.

No dia seguinte comecei perguntando se alguém havia observado os flocos, que “habitam nas nuvens”. Eu era a criança, eu o havia feito. Havia mesmo cantado silenciosamente a música para dentro da minha cabeça, no caminho para o trabalho, a fim de buscar ânimo para o dia. Constrangida perguntei se elas ainda se lembravam da canção de ontem. Aí um menino disse: “Companheira, temos de cantar o hino primeiro”. Perguntei: “Vocês querem ou vocês precisam?". As crianças gritaram em coro: "Sim, nós queremos". Cedi e deixei que as crianças cantassem o hino. E como no dia anterior elas se posicionaram num piscar de olhos em seu semicírculo, apertaram as mãos sobre as coxas, esticaram os pescoços, levantaram os olhos e cantaram e cantaram. Até eu dizer: "Está bem, agora vamos tentar cantar a canção da neve". Uma menina falou: "Companheira, temos de cantar o hino todo". Não teria feito sentido perguntar mais uma vez pela vontade delas; eu apenas disse: "Então o cantem todo". Elas cantaram as estrofes restantes. O semicírculo se desfez. Todas, com exceção de um menino, sentaram junto a suas mesinhas. O menino veio em minha direção, me encarou e perguntou: "Companheira, por que a senhora não cantou conosco? Nossa outra companheira sempre cantava". Eu sorri e disse: "Se eu também cantar não consigo ouvir se vocês estão cantando certo ou errado". Tive sorte, o pequeno guardião não contava com a minha resposta. Nem eu. Ele correu de volta para a sua mesinha. Ele não fazia parte dos quatro seres superiores do grupo. No momento fiquei orgulhosa da minha mentira. Mas as circunstâncias que tinham de levar e haviam levado a essa mentira me tiraram a paz pelo resto do dia.

A cada manhã eu ia mais contrariada ao jardim de infância. O controle sem trégua por meio dos olhos de crianças me paralisava. Eu já compreendera que não se poderia esperar de crianças de cinco anos uma decisão consciente a favor da canção da neve e contra as músicas do partido. Mas poderia ser que elas se agradassem mais da canção da neve do que do latido e da postura retesada de suas canções mesmo sem cumplicidade, apenas inconsciente ou instintivamente. Objetivamente era proibido oferecer algo pessoal às crianças menores, de três anos de idade, mas subjetivamente ainda teria sido possível. Para as de cinco anos também já era subjetivamente impossível, tarde demais. Dia a dia isso ficava mais evidente para mim. O abuso da substância humana estava interiorizado, ele havia instalado o vício pela sua continuidade. A destruição estava acabada nas crianças de cinco anos.

Essa era uma metade dos fatos. A outra metade era a vara. Todas as crianças, ao contrário dos quatro seres superiores, em cuja origem eu havia sido iniciada com o intuito de preservá-los, encolhiam automaticamente o pescoço, não importando como ou quando me aproximasse delas. Eu não tinha a vara na mão, mas elas estavam tão acostumadas a apanhar que olhavam para mim com os rostos contorcidos pelo medo e imploravam: "Não bata, por favor, não bata". E aqueles que não estavam ao meu alcance gritavam: "Agora você vai apanhar, vai apanhar".

Não usei a vara uma vez sequer. O resultado disso: mesmo pedindo por atenção, explicando, e também gritando, não conseguia ser ouvida nem por cinco minutos seguidos. Também para isso era tarde demais. A expressão habitual da fala, tanto faz em que tonalidade, não era um meio de comunicação. Só a vara correspondia ao transe da repetição exaustiva das frases feitas.

Essas crianças procuravam me obrigar a atender a sua necessidade de levar surras. Elas se sentiam abandonadas, ficaram suspensas num vazio histérico porque as surras não vinham. O choro sob a vara era a única coisa pela qual se sentiam como pessoas. Ele as destacava da coletividade.

Ao passar pelas portas semiabertas de outras classes eu ouvia as varas batendo e estalando e as crianças chorando. Para a diretora e as colegas que batiam, e talvez ainda mais para as crianças, que queriam chorar, eu era inapta pelo mesmo motivo: para umas eu não estava disposta, para as outras não era capaz de usar a vara.

Mas também cada vez menos conseguia dar conta de mim mesma. Não me tornar como os outros e não poder permanecer do jeito que eu era — não havia como resolver esse dilema. Após duas semanas, pedi demissão.

A expressão falada que surge intuitivamente na cabeça, e através da qual nos reportamos como que naturalmente uns aos outros, não vem de nascença. Ela pode ser aprendida ou impedida. Na ditadura ela era impedida nas crianças por meio da educação. E nos adultos, onde ainda se encontrava em reminiscências, era extirpada.

# 7

# A ILHA SITUA-SE DENTRO – A FRONTEIRA SITUA-SE FORA

Desde que eu vivo na Alemanha ouço, de vez em quando, que esse ou aquele estaria "maduro para a ilha", com o que se subentende férias numa ilha, a felicidade da ilha para o turista.

Para mim a palavra composta "Inselglück" [felicidade da ilha] tem duas partes divergentes. A palavra "Insel" [ilha] não admite a palavra "Glück" [felicidade]. Vivi mais de trinta anos numa ditadura, na Romênia. Cada um por si era uma ilha e o país inteiro mais uma — um campo isolado para fora e controlado por dentro. Havia, portanto, sobre a grande e sólida ilha que era o país, a pequena ilha errante que era a gente mesmo. As duas sobrepostas à força, duas realidades forçadas uma sobre a outra. Uma, na verdade, e cada uma das duas por si só, já teria bastado para se arruinar.

Também na minha família cada um formava uma ilha. Eram os anos 1950, uma infância no stalinismo, um vilarejo distante sem estrada de asfalto para a cidade — mas não um terreno apolítico. Três, quatro funcionários políticos mantinham tudo e todos sob controle. Eles vinham da cidade. Escolados há pouco, os jovens controladores iniciavam a sua carreira num lugarejo, destacavam-se com ameaças, interrogatórios, prisões. O vilarejo possuía 405 casas, mais ou menos 1.500 moradores. Todos andavam por aí com o sobressalto. Ninguém se arriscava a falar sobre isso. Embora eu não captasse os conteúdos do medo quando criança, a sensação foi se instalando na cabeça. Todos na minha família estavam prejudicados. Meus avós, como "exploradores do povo", tiveram o campo e a loja de produtos coloniais expropriados. Da noite para o dia uma das pessoas mais abastadas da região não tinha mais dinheiro suficiente para pagar o barbeiro. Seu filho havia morrido na guerra. Sua filha, minha mãe, foi deportada para trabalhos forçados na União Soviética por cinco anos, onde viu a morte em forma de fome e de frio. Meu pai havia sobrevivido à guerra. É, o meu avô murmurava frases para dentro do queixo a cada serviço doméstico. Minha avó mastigava suas orações para si. Minha mãe mergulhou no trabalho até a plena exaustão física. Meu pai no álcool, até as pernas dobrarem e a língua gaguejar. E eu não compreendia nada em termos de conteúdo e, intuitivamente tudo, nessa ruína sem palavras acasalada com o silêncio. Eu andava comigo mesma, muitas vezes queria fugir deles e para fora de mim. Também falava em voz alta comigo quando tinha certeza de que ninguém estava me vendo. Conheço da minha infância a infelicidade da ilha. Todos se constituem dela: os da casa e os do vilarejo. Os vilarejos vizinhos eram dois romenos, um eslovaco e um húngaro. Cada um por si com a sua língua diferente, seus feriados, sua religião, suas vestimentas. Mas nesse vilarejo alemão todos eram considerados culpados pelos crimes de Hitler, ainda que durante a guerra tivessem sido crianças menores ou maiores, ou nem tivessem nascido ainda. Também conheço o vale verde no fim do vilarejo como ilha. Estar a sós com as vacas e sentir como a paisagem se torna grande demais para a pobre e ínfima pele, porque o céu e o pasto se unem um ao outro. Perceber a beleza da paisagem como ameaça, como relógio de pêndulo que devora seu próprio tique-taque e te ergue por sobre o pasto para o azul cambaleante e te expulsa lá no alto, ou sob o pasto te comprime no pretume batido da sepultura e te expulsa dali.

Essa minoria alemã era vista como ilha dos nazistas e se sentia como ilha dos inocentes castigados pelos romenos. Pois com Antonescu os romenos eram tão aliados de Hitler quanto eles. Como já é próprio de qualquer população interiorana não fazer uso de muitas palavras, esses colonos foram adicionalmente emudecidos através daquilo que se chama história. Tornaram-se humildes para fora, labutavam como amestrados incondicionais na lavoura do Estado, que até há pouco havia pertencido a eles. E como compensação interior tecia-se o mito da superioridade, longe de qualquer vocabulário que se atravessasse no caminho do socialismo. Incorrigíveis em relação aos crimes de Hitler, cantavam as canções nazistas como canções de taberna que apenas animavam o ambiente. O medo envolvido nisso trazia estímulo, por entre o ambiente alegre caminhava de mansinho a prudência, mas, ao não ceder a ela, havia-se salvo corajosamente da decadência a assim chamada herança cultural e a tradição. Não, não havia felicidade da ilha em jogo, mas medo coletivo com audácia nacionalista. As pessoas se consideravam um pequeno grupo que não admite ser afastado do que lhe é mais próprio, o seu "germanismo". Que através da sua eficiência supera de longe todos os demais. É, como criança eu era um pedaço de sua infelicidade da ilha, fazia parte, havia adotado ambas as coisas deles: em direção ao Estado eu era a criança intimidada dos nazistas, no novelo interior do vilarejo a consciência arrogante de que "nós" os alemães somos melhores do que todos os outros. Embora essa segunda consciência não me ajudasse em nada quando estava a sós comigo, concretamente, portanto. Embora ela não me desse nenhum milímetro de amparo, nem mesmo no quarto escuro na cama e muito menos no grande vale verde, eu pressupunha, de um modo geral, que "nós" evidentemente éramos algo melhor. Havia até mesmo uma relação causal entre a superioridade do Banato suábio e a chicana do Estado: por sermos os melhores somos atormentados — exatamente assim recebera a explicação em casa. Uma ideologia do Banato suábio, paralela à estatal. Ela deveria compensar a estigmatização pelo Estado, mas individualmente não ajudava nenhum passo sequer a se arranjar com o dia, a hora, o minuto, a rua do vilarejo ou o vale. Eu havia percebido isso há tempo, mas jamais teria ousado pensá-lo. Eu descarrilava do sentimento do nós, embora quisesse compartilhá-lo. Quando criança se quer fazer parte daqueles de casa, daqueles do vilarejo. Depende-se de algo para sempre regulamentado. Eu ansiava por isso e me cansei disso. Mas também via que cada um estava um pouco cansado de si mesmo e que trabalhava demais para manter sob controle aquilo sobre o que não se podia falar. A fim de corresponder, por um lado, à vigilância de insignificantes funcionários do governo e ao dever de representar um desses nós, os alemães, melhores. Só instintivamente e, portanto, de modo inevitável, mas sem admiti-lo a mim mesma, por dentro muitas vezes não fazia parte do aparente. Não procurava pelas razões. Certamente deveria ser assim com todos, pensava eu, só não se deve poder notar isso em mim. Foi a melhor coisa que Deus inventou em nós, seres humanos, de ele haver criado os ossos da cabeça tão grossos e opacos, pensava eu. Não compreendia que esse vilarejo comprometido com a preservação do grupo com toda a sua vida interiorana composta de rituais de trezentos anos de idade objetivava a exclusão do eu para a manutenção do nós. Sentia como negligência própria, como falha, quando a solidão cruzava o dia e todo o pertencimento estava minado.

Inconscientemente foram instalados, nesses anos, os padrões que se perpetuaram quando tive de ir à cidade aos quinze anos para estudar. Até hoje não sei se esse reconhecimento dos modelos poupava ou prejudicava ainda mais. Na escola da cidade topei com a ilha das crianças do vilarejo entre as crianças da cidade. Era um colégio alemão, mas os alunos bem vestidos, ágeis e com atitude vinham de famílias da nomenclatura romena. Eles olhavam de cima para os interioranos, pobres idiotas que também queriam subir na vida. Como riram de mim, teriam rido de todos do meu vilarejo. Os da elite do vilarejo haviam me contado lorotas, sua autoavaliação revelou-se como autoengano; na cidade, a trinta quilômetros do vilarejo, essa civilidade toda não valia um tostão. Essa foi uma conclusão rápida e amarga. Os citadinos eram sutis, eles sabiam insinuar-se com o corpo e com a língua. Eles eram romenos, porém, mais limpos e mais estudiosos. Por que, então, haviam dito para mim em casa: os romenos são sujos e preguiçosos. Só uma coisa permanecia válida: diante de mandachuvas deve-se tomar cuidado. Através de uma habilidade natural, uma pré-disposição familiar, eles conquistavam a posição de cuidadores na classe, ofereciam-se para trabalhos do partido, dirigiam reuniões. Eles não vinham de famílias estigmatizadas, nas suas famílias o Estado era aceito, é bem verdade que seus pais também haviam lhes mostrado que eles eram melhores, mas em harmonia com esse Estado. Sua lógica era: ser alguém melhor no Estado não é ser melhor somente para si mesmo, mas também e especialmente diante daqueles que são suspeitos para o Estado.

E fora do colégio, nas ruas da cidade, mais uma vez tudo era grande demais para a pobre e ínfima pele, ainda que de outro jeito. Eu tinha saudades, até começar a ler livros sobre o fenômeno da província e sobre o nazismo. Vi o meu vilarejo como que atrás de uma parede de vidro, uma caixa fantasmagoricamente arrastada para fora do mundo com pessoas impiedosamente paralisadas. Eu evitava os filhos dos mandachuvas, mas queria me tornar citadina como as milhares de pessoas comuns nas lojas, parques, bondes. Reconheci as muitas ilhas vagando sobre a ilha estável de asfalto. A infelicidade da ilha nessa cidade controlada espelhava-se diariamente nos rostos. Presenciei batidas policiais, a prisão pública de pessoas, as fotos de rostos, retorcidos pelo medo, dos ladrões de lojas pegos em flagrante nas vitrines na entrada das lojas e, como contrapartida a isso, ao longo do parque as vitrines com o sorriso seboso dos melhores funcionários e heróis socialistas. Eu via as pessoas jovens ou idosas esfarrapadas que faleciam no meio da rua ficarem deitadas no pó, os transeuntes passando por ali indiferentes, e eu via a pompa dos funerais do Estado com os caixões abertos sobre caminhões revestidos com veludo e os observadores embasbacados com os olhares vidrados. Nos olhares havia essa mistura de asco reprimido diante da pompa para um canalha morto e a inveja indomada, o lamento de que um funeral tão honrado não será concedido a si mesmo. É claro que ninguém arriscaria expressar o desprezo ou a inveja.

Pois cada um sabia que entre os observadores havia cuidadores. Cada meia observação seria demais por inteiro, isso estava muito bem assentado na cabeça. Uma palavra irrefletida tinha consequências graves. Se com um escorregão da língua já se pode cair na malha dos funcionários do controle e entornar a sua vida futura e levar junto a passada, então cada um é forçado a ser uma ilha. A desconfiança é sempre e em todo lugar um sentimento básico. Cada um é um segredo ambulante, está entupido de material proibido. É sua habilidade ou a falta dela guardá-lo para si ou revelá-lo irrefletidamente. Esse é o único ponto de partida para cada encontro entre pessoas comuns, é tão evidente como noite e dia. A gente não deve se deixar apanhar com o proibido, do qual todos sabem que a gente o pensa, nunca se deve oferecer prova nem em palavra e nem em ação, do que cada um sabe. O grande surrealista romeno Gellu Naum escreve em seu livro *Zenobia* "[...] pois existem coisas a respeito das quais se tem de silenciar [...], os outros compreendem o que puderem compreender; cada um diz menos do que compreende e compreende mais do que se diz para ele, mas o que ele compreende, não se diz para ele, porque ele não compreende aquilo que se diz para ele e assim por diante".

E a outra ilha era a nomenclatura. Funcionários da economia, funcionários do partido, serviço secreto, polícia, militares. Eles tinham um Estado dentro do Estado, blocos de moradias, lojas, hospitais, cantinas, zonas de caça, locais de férias só para si. A sua felicidade da ilha talvez até fosse uma, se comparada à vida das pessoas comuns. Mas a satisfação provavelmente tinha os seus limites, pois eles tinham de se estafar com esse populacho. Tinham de manter um clima opaco e amedrontador e isso custava trabalho tático voltado para resultados. O efeito tinha de ser visível, eles eram medidos pelo sucesso de sua repressão. O desnível hierárquico era nítido, mas procurava-se enganá-los com todos os truques da vida comum, eles eram odiados pelo povo. Também eles só podiam gozar o seu *status* entre os pares — mas ali cada um era ao mesmo tempo companheiro e adversário um do outro. Como no meu vilarejo alemão, também eles tinham de compreender a manutenção de sua ilha como obrigação, sempre corresponderem ao nós, os melhores. Também eles não podiam desperdiçar o pertencimento, agarravam-se com unhas e dentes ao grupo que tinha feito deles algo melhor. Eles eram a ilha do pequeno grupo, temido pela ilha do grande grupo do populacho. A manutenção de seu próprio poder era totalmente subjugada às regulações da ideologia. Eles estavam bem no alto e poderiam despencar a qualquer hora, perder a função, os privilégios, o sustento material, seu modo de vida como um todo, enfim, e arrastar consigo todo o seu clã para a desastrosa vida comum do populacho. Por estes, porém, a sua queda não era lamentada. Também os mandachuvas decaídos eram mantidos à distância pelas pessoas comuns, que se alegravam com a sua desgraça.

Um país, cujas fronteiras são controladas com armas e cães é uma ilha. Grande parte das proibições que cada um carregava consigo eram as ideias de fuga. Ao invés da felicidade da ilha, estava arraigado em cada cabeça o desejo de fuga, abandonar a ilha, custe o que custar. Era inevitável e por isso evidente que se tinha de arriscar a vida por isso. A fronteira verde para a Hungria e o rio Donau, que fazia fronteira com a Iugoslávia, exerciam um verdadeiro fascínio. Eles arrastavam o cérebro para os pés. A fuga mortífera não tinha fim, a despeito das muitas histórias horripilantes de fuga que circulavam. Na fronteira verde os cadáveres estavam deitados entre as colheitadeiras durante a safra de trigo, mortos a tiros ou estraçalhados por cães, geralmente os dois. Sobre o Donau flutuavam pedaços de corpos, fugitivos eram caçados por navios e moídos por suas hélices. Ainda assim crescia o desejo de fuga. Ele tomou proporções de histeria, o asco pelo cotidiano, o tédio da vida sem valor inverteu-se em psicose de esperança por uma vida praticável em terras distantes, ainda que só se pudesse alcançá-la perigosamente. O instinto de fuga acompanhava todas as outras coisas. Nesse país só se via o lugar provisório de sua vida. A fé de que mais cedo ou mais tarde se daria a oportunidade da fuga era o único amparo. Este envolvia muito oportunismo. Até lá não se poderia chamar a atenção. Mais ainda, tinha-se de fazer carreira, arranjar-se. Quanto mais alto se pudesse escalar, maiores se tornavam as oportunidades. Dispunha-se de influência, podia-se tirar proveito da dependência de outros. Através da chantagem de escalões mais baixos criava-se o capital para o suborno servil dos mais elevados. Para muitos o servir-para-chegar-ao-poder era nada mais do que uma preparação camuflada para a fuga. Não apesar de, mas justamente porque eles haviam alcançado o seu objetivo, funcionários estabeleciam-se no estrangeiro. Com sarcasmo as pessoas falavam da fuga como o maior luxo. Afinal, pretensamente todo mandachuva possuía uma consciência socialista altamente desenvolvida. Após tantas fugas de mandachuvas a consciência socialista deveria ter sido redefinida e se deveria haver constatado: o mais alto grau de desenvolvimento da consciência socialista é a fuga para o capitalismo. A fuga dos mandachuvas não tinha mais nada a ver com a corrida-para-a-morte de pessoas comuns.

Ela era um negócio seguro, o risco de morte reduzia-se a zero. Ainda que a população não torcesse pelo sucesso da fuga desses figurões — essa liberdade que eles haviam roubado à gente até o dia de sua fuga, era motivo de grande alegria o fato de os próprios mandachuvas voltarem as costas ao regime.

O fascínio pela distância como vida praticável: nebuloso, com força de destino, ele se tornava uma imagem concreta cada vez que eu pegava o trem de Timisoara a Bucareste. É que por um tempo o trem passava bem rente ao Danúbio. Entre ele e a fronteira não havia mais nada. E todos, grandes e pequenos, até mesmo militares uniformizados e policiais iam para o corredor e olhavam para fora, como se estivessem hipnotizados, como se enxergassem o seu futuro. Como se esse Danúbio apático fosse um presságio corrente, válido para cada um em particular, sobre o sucesso da própria fuga. Ninguém mais se movia, fazia-se silêncio como numa igreja. E lá fora corria a água geralmente larga, agitada e aqui e acolá reluziam as partes mais estreitas onde não haveria problemas com uma travessia a nado. E do outro lado ficava a Iugoslávia, o país de trânsito em direção ao ocidente. Apareciam vilarejos, árvores balançavam de leve, como se estivessem esperando a gente chegar. Ninguém mais arriscava olhar no rosto do outro, a pele esticava-se de modo irreal, brilhava como encerada ou congelada. O sonho dominava a todos, a tão conhecida pergunta básica: fugir, mas como. Era de uma nitidez palpável no que todos pensavam agora, tão nítido que o barulho do trem por um tempo parecia dizer "quero sair daqui, quero sair daqui", numa interminável repetição. O ferro cantava a sua música ao longo do Danúbio tão constrangedoramente nítido sobre os trilhos, que se teria desejado mandar as rodas calarem a boca, porque os passageiros estavam parados aí como um coral pego em flagrante. Quando o Danúbio havia passado, todos voltavam silenciosos aos seus lugares no compartimento e se assentavam, em sua vida real.

Mais uma vez me encontro no oposto de felicidade da ilha, de novo e ainda estou na infelicidade da ilha. Com relação a "Glück" [felicidade / sorte], existe para mim o "glücklich sein" [ser feliz] e o "Glück haben" [ter sorte]. Essas duas coisas não são somente diferentes, mas opostas. Conheço "ter sorte" como situação na qual o pior, que era esperado, não aconteceu. "Ter sorte", porque ser feliz está excluído. "Ser feliz" é um estado duradouro, um percurso plano. É carregado por dentro, define-se como sentimento. Baseia-se numa grande contribuição própria. "Ter sorte" é momentâneo, vem de fora, não tem nada a ver com sentimento; é, muitas vezes, uma coincidência inexplicável. "Ter sorte" acontece muito rápido, como num estalar de dedos, só se vai compreendê-lo mais tarde. Logo depois, mas às vezes também só anos mais tarde, através da reconstrução de fatos dos quais a seu tempo não se tinha ideia. Se a gente compreende o "ter tido sorte" logo a seguir, sente-se a "felicidade aguda". Também isso é o oposto de "ser feliz", pois é uma felicidade descarada, atrevida, que escapou às diretivas exteriores da vida. A "felicidade aguda" é cambaleante, apressa-se furtiva através de si mesma, tem de se descarregar imediatamente porque não pode ignorar as diretivas exteriores. Ela se encerra a si mesma antes que as diretivas exteriores a encubram e a anulem de novo.

Será que a "felicidade da ilha" é uma felicidade privada apesar do meio catastrófico, uma "felicidade cerebral" conscientemente construída, individual. Será que é uma forma de fazer a sua felicidade intelectualmente através daquilo que se extraiu de livros para si mesmo. Se a questão é alimentar-se de livros para a própria vida, não funciona no cotidiano atormentado. Eu tinha alguns amigos íntimos, nós líamos livros e falávamos sobre eles. Nossa principal ocupação era aplicar o que havíamos lido à nossa própria vida. Conseguíamos verificar, em livros especializados, a nossa miséria objetivamente formulada, precisamente analisada, sobriamente comentada. Conseguíamos reencontrar essa miséria em poemas e romances, na urgência da imagem poética. Ambas as formas de leitura ofereciam amparo, ao nos confirmarem o próprio estado. Elas ajudavam a não se estar mudo diante de si mesmo. Os livros não podiam mudar nada, já que só mostravam como se fica quando a felicidade não é viável. E isso já é muito, nunca esperei mais de um livro. Quando, portanto, a felicidade cerebral, produzida intelectualmente, fracassa, é eliminada da "felicidade da ilha", seria ela então uma "felicidade do coração"? Mas será que aquilo que chamamos de "coisas do coração" não está situado na cabeça. Será que pessoas prejudicadas ou que sucumbiram mesmo podem manter intactos os seus relacionamentos íntimos, dos quais tanto dependem. O amor não é um outro país, ele está lá onde estão os pés e a cabeça. Ele tem de enfrentar diariamente as circunstâncias externas. A gente pode se poupar um pouco através do amor, sentir-se diferente nele do que aquele nada ignorado ou atormentado na zona de controle. Mas justamente por isso o amor tornou-se a ação substituta para todas as liberdades faltantes. Não conheço nenhum país no qual o amor era tão faminto quanto na Romênia. Na fábrica, nas escolas em que trabalhei, havia relações extraconjugais em todas as direções, por entre as hierarquias. Homens e mulheres magnetizavam-se, pelo visto a miséria de seus locais de trabalho tornava-os disponíveis. Ser desejado num recôndito escondido e sujo da fábrica deixava o imbróglio na linha de montagem ou mesa de escritório suportável. E as consequências: não conheço outro país em que a intimidade estivesse tão amalgamada com a mentira, o engano, a hipocrisia, com o dilaceramento de sua própria substância. Nenhum outro país com tanta violência na família, tantos divórcios e filhos preteridos. Não há como produzir a "felicidade do coração" com os nervos desgastados.

Restaria ainda, como "felicidade da ilha", a ilha como paisagem, a possibilidade de sentir-se em harmonia com a paisagem. Por experiência própria eu sei, no entanto, que a paisagem não pode ser separada do Estado. Ela tornou-se a beleza súbita, os nervos arruinados não estavam a sua altura. A paisagem mostrava o quanto ela não estava nem aí para o que acontece às pessoas. Ela representava uma trégua, um silêncio afastado do andamento dos dias, uma ignorância verde dentada, que se basta a si mesma. Não se consegue suportar o atropelo da beleza com os nervos em tumulto. A paisagem torna-se uma encenação irrequieta da existência, o panorama do medo, a duplicação da naturalidade roubada. Quando não se tem saída sobre o asfalto, percebe-se a paisagem como material arrogante, essa superioridade temporal: pedras velhíssimas, a eterna fluidez da água, os incontáveis retornos da folhagem e da relva. Todas elas são livres de memória, despreocupadas a respeito do que foi ontem e do que virá amanhã. A bela palavra "nervo da folha" não é um nervo humano, a "veia da folha" nenhuma veia cerebral ou do pescoço. Quando se aspira a "felicidade da ilha" não se pode pensar em coisas assim.

Para a "felicidade da ilha" precisa-se de confiança na ilha. Quando se chega intacta até ela, a ilha permanece nos seus limites, ela fica imóvel e permite ser admirada. Quando se chega cronicamente perturbada, a ilha ataca, a gente é dissecada sem anestesia estética. A ilha tem de ser repelida. Ela se projeta tão grosseiramente para dentro do corpo que se é dilacerada ainda mais. Ela ilha a gente. No embate com a ilha sempre se leva a pior.

No ocidente existe uma enquete entre escritores muito estimada, repetida a cada dois ou três anos, para apurar quais livros de outros autores são os mais importantes para eles. A frase dessa enquete diz: "Quais livros você levaria caso tivesse de ir sozinho para uma ilha?" Para mim a pergunta é assustadoramente ingênua. Se eu TIVESSE de ir para uma ilha, não teria escolha, não poderia levar nenhum livro que me é caro, pois cada um desses livros seria proibido de antemão. Possivelmente até SERIA OBRIGADA a ir para a ilha porque eu gosto desses livros e não guardei o seu conteúdo para mim. Como castigo por esses livros teria de ir para a ilha. E se eu não FOSSE OBRIGADA a ir para a ilha, mas chegasse lá porque QUERIA, poderia abandoná-la a qualquer hora, ir e vir à vontade, trazendo cada vez outros livros. Ou permanecer na ilha e mandar buscá-los. Quando intelectuais do ocidente falam sobre a "ilha", cheiram o perfume da liberdade exemplar. Uma ilha, na qual o código da lei e do dever foi abolido. Acrescentar a leitura de mais um bom livro e já se está no auge da autoafirmação. E é claro que não se levou somente os bons livros para a ilha, mas ao mesmo tempo também boas roupas, bons cosméticos, boa comida, uma boa saúde, mas profilaticamente também bons medicamentos.

Para que editores ocidentais de revistas, cuja vida nunca foi afetada pela repressão, precisam do irrefletido formigamento subversivo para tornar uma enquete atrativa. É claro que eles estão informados: havia ilhas para as vítimas da peste e da lepra, havia e há ilhas-cárcere. Também Nelson Mandela estava preso numa ilha, o chefe do PKK Öcalan é o único morador de uma ilha-cárcere. Dominadores sempre fizeram uso da água como zona facilmente controlável, apropriada para o isolamento. Ainda assim para intelectuais do Ocidente o "ter-de-ir-para-a-ilha" está repleto de liberdades pessoais. Eles não se irritam nem com a palavra ILHA, nem com o SER OBRIGADO. Solicitam a livre decisão com uma frase que pressupõe a falta de liberdade. Eles têm a cabeça cheia de livros e nenhum deles os levou a compreenderem um detalhe sequer da falta de liberdade.

# 8

# AQUI NA ALEMANHA

Já nos primeiros dias após a minha chegada da Romênia eu estava convidada para um jantar. O anfitrião tinha carne de cordeiro no forno quando entrei na cozinha. Pela primeira vez eu via um forno iluminado com porta de vidro. Não consegui mais desviar o olhar dali, a luz expunha a carne. As pequenas bolhas de calor arrastavam-se para cá e para lá, respiravam e estouravam. Eu via essa carne marrom reluzente como um filme de paisagem na TV a cores: o sol enevoado, e a ovelha rochosa era habitada por animais vidrados. O anfitrião abriu a porta do forno e disse, enquanto virava os pedaços de carne: "Da Romênia também vem o Canetti, não é?". Eu disse: "Esse vem da Bulgária". Ele disse: "Ah, é, eu sempre confundo esses países, mas as capitais eu conheço, a da Bulgária é Sofia; a da Romênia, Budapeste". Eu disse: "Budapeste está para a Hungria, para a Romênia está Bucareste". No meu filme, o modo como ele virava a carne com os dentes do garfo parecia como se um lagostim revirasse a paisagem. E parecia-me que ele só se confundira porque estava misturando os pedaços de carne na assadeira. Ele fechou a porta de vidro e disse: "Tomara que você goste disso, você já comeu cordeiro?". "Na Romênia se come muito cordeiro", garanti, "a canção dos Nibelungos romena, a epopeia nacional, trata de ovelhas e pastores." "Que engraçado", disse ele. E eu o corrigi: "Não é engraçado, trata-se de engano, de total desamparo em meio ao medo, de dor e de morte".

O alemão é a minha língua materna. Desde o início entendia cada palavra na Alemanha. Eram todas palavras mais que conhecidas e, ainda assim, o sentido de muitas frases era dúbio. Eu não conseguia avaliar a situação, a intenção com que eram faladas. Investigava observações toscas como "que engraçado", compreendia-as como uma frase complementar. Não entendia que elas funcionavam como suspiros casuais, que não possuíam qualquer conteúdo, mas apenas: "ah" ou "é". Tomava-as por frases completas, pensava que "engraçado" continua sendo o contrário de "triste". Em cada palavra pronunciada, julgava eu, deve haver uma declaração, senão não teria sido dita. Eu conhecia o falar e o calar; o jogo intermediário do calar falado sem conteúdo eu não conhecia.

Duas vezes eu comprei flores na mesma loja. A vendedora, uma mulher em torno dos cinquenta anos, me manteve na memória da primeira para a segunda vez. Como prêmio para a minha volta ela escolheu as mais belas bocas-de-leão do balde, hesitou um pouco e perguntou: "Que compatrícia é a senhora, a senhora é francesa?". Como não gosto da palavra "compatrícia", hesitei também e instalou-se entre nós um silêncio, antes de eu dizer: "Não, eu venho da Romênia". Ela disse: "Tudo bem, não faz mal", e sorriu como se de repente estivesse com dor de dente. A frase soou bondosa, como: isso pode acontecer, é apenas um pequeno erro. E ela não ergueu mais o olhar, só o fixou sobre o buquê empacotado. Estava embaraçada, havia me sobrestimado. Já quando pedi "boca-de-leão" tive de pensar: No meu alemão, que trouxe comigo da Romênia, essas flores se chamam *Froschgöschl* [boca de sapo]; na língua do vilarejo, diretamente *Quaken* [coaxo]; portanto, apenas o canto contínuo que os sapos emitem. A diferença entre leões e sapos não poderia ser maior, a comparação dos dois animais é absurda. A boca-de-leão no alemão da Alemanha é uma boca de sapo ou um coaxar de sapo grotescamente sobrestimado. Do mesmo modo eu fui sobrestimada alguns minutos depois.

Quantas vezes tive de responder na Alemanha de onde eu venho. Na revistaria, na costureira, no sapateiro ou no padeiro, na farmácia. Eu entro, cumprimento, digo o que quero, os vendedores me atendem, dizem o preço — e então, após engolirem em seco: "De onde a senhora vem?". Entre colocar o dinheiro sobre o balcão e guardar o troco digo: "Da Romênia". Como se tem de falar um pouco sobre o sapato ou sobre o vestido, sobre o que dá e o que não dá, até que, portanto, se esclareceu o intento manual, pronunciei várias frases completas seguidas. Aí despedem-me com a frase: "Mas a senhora já fala muito bem alemão". Não quero deixar por isso mesmo, mas não tenho nada a acrescentar. O coração me bate através das orelhas, quero sair tão discreta e rapidamente para a rua, que acabo fazendo o contrário na porta e chamando a atenção: quando se tem de empurrar, eu puxo e quando se tem de puxar, eu empurro. Quero retirar-me invisível e acabo como a pateta do dia. Pois na porta do ateliê de costura e da sapataria também ainda há um sininho que faz música para o meu estado interior. O palpitar do meu coração entoa na oficina inteira até eu finalmente estar do lado de fora. É um sininho de controle. Muitas vezes há ainda outros clientes ali, que olham com a cabeça um pouco torta.

A seguir imagino, ao andar na rua, como seria, se todos os clientes antes e depois de mim tivessem de dizer de onde vêm. Busco nomes de lugares e procuro por rimas: "Bom-dia, eu queria *Hustensirup* [xarope pra tosse] e venho de Lurup". "Bom-dia, eu quero aspirina e venho de Viena." "Bom-dia, eu quero duas garrafas de *Wein* [vinho] e venho de Unterschliessheim." "Eu quero *Rasierklingen* [lâminas de barbear] e sou de Bilfingen." Ou na despedida: "Até logo, eu sou de Mörfelden e vou *mich wieder melden* [aparecer de novo]". Consigo me levar a dar risada e sei que, em primeiro lugar estou rindo muito tarde e, em segundo, às próprias custas, porque essa guerra de rimas não faz mal a ninguém e não me ajuda da próxima vez. Faço música para mim mesma contra o sininho da porta, mas nenhuma casca grossa. E dessa eu precisaria, como os sapatos de uma sola nova.

Quantas frases iniciam, agora há doze anos, com as palavras: "Aqui na Alemanha...". Gostaria muito de me colocar na defensiva, porém me controlo e digo: "Mas eu também estou aqui com vocês". Após um olhar incrédulo e ampliado a pessoa repete, aparentemente voltando atrás: "Mas aqui na Alemanha não se diz *Bretzel*, e sim, *Breezel*. Estender o primeiro E, engolir o segundo, compreende? Também não é tão importante, mas agora a senhora já sabe". Aí vem um sorriso que eu interpreto como: "Sem ofensas". Logo após, porém, vem a frase em tom de pergunta: "Tudo bem?". Eu aceno e supero as expectativas ao dizer: "Laugenbrezel" [com cobertura de caldo de sal]. E o vendedor diz: "toll" [fantástico]. Ele ainda não parou de sorrir quando o próximo cliente pede *Junggesellenbrot* [pão de solteirão]. Já me encontro na escada rolante, a palavra "toll" passa de mansinho pela minha cabeça. Só conheço sentidos muito diferentes para "toll": *Tollwut* [raiva], *Tollkirsche* [beladona], *Tollhaus* [hospício], *Atoll* [atol], *tollkühn* [audacioso]. E também há um som de "toll" em tolerância e até mesmo em Aiatolá. Cada uma dessas palavras quase tão longas quanto "Laugenbretzel". Deveria tê-las recitado ao vendedor? Ou o comercial de uma marca de pão no metrô: "Na hora do sim a jovem noiva silencia / Pois ainda se delicia, mascando um pão da Paech." Deveria ter dito ao vendedor o quanto eu gosto da palavra "Paech-Brot"? Que para mim *Paech-Brot* exprime, de forma mais suscinta, tudo o que se faz com pessoas em ditaduras? Que na hora do interrogatório o agente do serviço secreto dizia muitas vezes que eu não deveria esquecer que me alimento de pão romeno? Naquela época realmente não tinha ideia de como se poderia denominar com uma única palavra a crueldade com a qual ele me tratava. Só o comercial de pão no metrô berlinense me revelou *Pech-Brot* [pão da má sorte] como a palavra indicada para o colapso dos nervos. Fiquei espantada. A frase: "Comi o meu pão da má sorte" é tão espantosamente clara quanto a frase de Semprun: "Pátria é aquilo que se fala". A frase é tão apropriada para a descrição da ditadura que até mesmo se poderia dizer: "Pelo fato de Semprun haver comido o seu pão da má sorte ele sabe que não é a língua que é pátria, mas aquilo que se fala".

O que é que se fala quando encontro a minha vizinha embaixo, junto à caixa de correio e, ao subirmos juntas as escadas, ela me conta que não consegue descansar nenhuma noite sequer, pois a criança de três anos de idade vai até a sua cama entre as duas e três horas da madrugada com uma ovelha de pano querendo brincar. "Isso é um verdadeiro terror" diz ela, "o serviço secreto romeno não poderia ter inventado nada pior." Ela é historiadora. Devo dizer-lhe que o serviço secreto romeno não queria brincar de boneca de pano comigo?

Todos esses exemplos acontecem continuamente, eles fazem parte do cotidiano. Também na política e no meio literário. Também o senhor Rüttgers tem a sua rima. Ela diz: "Kinder statt Inder" [filhos ao invés de indianos]. É uma rima em alusão ao senhor Schröder. Pois o senhor Schröder quer ver os indianos rapidamente aqui e em três a cinco anos longe daqui de novo. Afinal, um carro de aluguel também é emprestado, pago e depois de certo tempo devolvido, quando se tem o seu carro próprio, novo. Do ponto de vista alemão, todo indiano deve sentir-se enobrecido se a Alemanha necessita dele. Ao final de três anos um indiano voltará para casa, melhorado através da sua estadia na Alemanha, e com experiências diversas: reconhecimento no escritório, explicações na loja caso não pronuncie corretamente os dois E em "Brezel" "aqui na Alemanha". E talvez até o palpitar do coração nas horas tardias em passagens subterrâneas e bondes das cidades bem como em postos de combustível muito bem iluminados, nas montanhas, junto aos lagos e em todos os demais lugares onde um indiano pode tornar-se presa fácil para carecas alemães.

O senhor Rüttgers faz uma rima contra a chamada por trabalhadores visitantes do senhor Schröder, embora o senhor Schröder tenha dito precisamente quando a cama de hóspedes será dobrada de novo. Mas o senhor Rüttgers sabe: temos um exemplo preventivo na Alemanha. É próprio de trabalhadores visitantes existirem fora dos horários de trabalho, quando se poderia muito bem prescindir deles. Nós os chamamos para trabalhar e no entremeio eles vivem. E então eles se ocupam de questões duradouras, fundam lares e famílias, permanecem aqui e geram filhos. E estes são indianos de novo, se não por inteiro, pela metade. Dura mais que uma vida, várias gerações são necessárias até que pronunciem corretamente os dois E de *Bretzel*, que estendam o primeiro e engulam inaudivelmente o segundo. Os turcos nos mostraram como isso funciona. E, apesar das constantes preces de seus políticos por integração, a Alemanha não está disposta a reconhecer uma minoria turca no país. Desde sempre os turcos são chamados de estrangeiros. E no alemão mais generoso, que morde a língua de tanta educação, eles se chamam "concidadãos". Isso soa a animosidade refreada com relação ao pertencimento espacial. Conheço de antigamente a anatomia linguística de "concidadãos". O Estado romeno chamava as minorias húngara, alemã, sérvia que viviam ali há séculos e em algumas regiões muito antes dos romenos de "nacionalidades coabitantes". Como todos além dos romenos, também eu pertencia e continuei pertencendo à minoria alemã, apesar dos trezentos anos desde a fixação de minha família ali, uma visitante nascida na pátria romena. O agente do serviço secreto era cínico ao me fazer lembrar de que eu comia pão romeno. Pois a minha família possuíra muitas terras, meu avô fora comerciante de grãos e foi expropriado pelo Estado, em cujo nome o agente do serviço secreto me interrogava. Portanto, eu comia pão romeno porque a minha família fora espoliada via lei estatal, para, como "coabitante", tornar-se joguete da hospitalidade romena. Continuar sendo visitante mesmo após trezentos anos, há que se conceder à Romênia, esse é um grande feito. Poderia ser que a

Alemanha, mesmo sem as chicanas socialistas, também consiga esse feito com os turcos.

A partir do exemplo com os turcos na Alemanha já se poderia dizer em relação aos indianos hoje: o melhor para a Alemanha seriam indianos virtuais, afinal, essa palavra é tão moderna hoje em dia. Quem sabe uma fábrica de brinquedos japonesa pudesse fabricar indianos *tamagotchi* e fornecê-los numa grande caixa de papelão. Nas instruções de uso constaria: fora do seu horário de trabalho não existem e após o término do expediente se deve alimentá-los e colocá-los em gavetas frias. Eles esperam ansiosamente pelo próximo dia de trabalho. Não se precisa temer qualquer vida familiar.

Desde 1945 e após a reunificação com maior afinco ainda, a Alemanha trabalha pela sua "normalidade". Esta se procura, por um lado, no trato dos "nascidos após" com o desastre do nazismo, portanto, no âmbito onde a única normalidade consiste no fato de que ela nunca se torne uma. E, por outro lado, ela se procura no desejo de que alemães do leste e do oeste se tornem iguais. Normalidade rápida, a fim de que não se precise falar sobre as consequências de uma ditadura socialista. Entretanto, a Alemanha oriental permanece diferente, o rastro de quarenta anos de tutela não desaparecerá quando a última rua de vilarejo estiver asfaltada. Ao invés disso poderia tornar-se normal, que alemães daqui não fiquem repetindo constantemente aos que se juntaram com outro sotaque: "Aqui na Alemanha". Poderia tornar-se normal que esse sotaque estranho ao comprar aspirina não precise dizer de onde vem, que o sotaque ao comprar *Bretzel* não precise treinar o E estendido e o engolido. Como todos os políticos também o senhor Rüttgers, fora de sua rima, fala sobre a integração dos estrangeiros. A fim de apoiar o seu intento, estou tentada a fazer-lhe a seguinte sugestão: um programa de integração numa única frase que diz: "A integração do sotaque estrangeiro no pretzel alemão". O programa seria concreto. Conheço bastante gente que pela primeira vez acreditaria no senhor Rüttgers, de que ele também pretende fazer o que diz.

Também o meio literário busca a normalidade. Alguns críticos literários desejam o romance total alemão no qual conste, de modo conciso, o grande todo, não como até o momento, o pequeno periférico. Eles insistem em contemporaneidade. No caso de temas alemães a contemporaneidade felizmente é elástica, estende-se décadas para trás. A crítica literária não levanta a acusação de prescrito a nenhum romance que tematiza assuntos passados há muito tempo, seja o pós-guerra, o milagre econômico ou o tempo em torno de 1968, pois ele garante dois pertencimentos, aquele já existente então, ao qual se gosta de ser atrelado novamente hoje, através da leitura. Entretanto, se a pessoa, como eu, vem de outro país e escreve em alemão não sobre esse, mas sobre o outro país, a crítica literária já há dez anos considera passado aquilo que se passou há doze anos. Isso acontece comigo a cada livro: é bem verdade que críticos alemães fazem formulações um pouco mais complexas do que os vendedores alemães de pretzel ou de aspirina, mas os seus desejos vão na mesma direção. Também eles querem ver, finalmente, o sotaque de cá nos meus livros. Eles me aconselham a parar com o passado e a finalmente escrever sobre a Alemanha. Como a maioria das pessoas neste país, também eles acreditam que só se tem de ocupar-se o suficiente com o presente para se apagar o passado, observar o pão alemão ao comê-lo, a fim de esquecer o pão da má sorte. Na verdade eu não teria nada contra, caso a receita funcionasse. Mas ela não funciona. Pela minha experiência acontece o contrário. Quanto mais olhos eu tenho para a Alemanha, mais o atual se conecta com o passado. Não tenho escolha, na escrivaninha não me encontro numa loja de calçados. Às vezes tenho vontade de perguntar bem alto: já ouviram falar sobre prejuízo? Da Romênia eu me livrei há muito tempo. Mas não do abandono programático das pessoas na ditadura, não dos efeitos de todo tipo que lampejam a toda hora. Ainda que os alemães orientais não digam mais nada a respeito e que os alemães ocidentais não queiram mais ouvir falar disso, esse tema não me deixa em paz. Ao escrever, tenho de me manter ali onde estou mais ferida interiormente, senão é claro que não precisaria escrever. Além do mais, nisso me encontro em total sintonia com o comercial alemão: "Na hora do sim a jovem noiva silencia / Pois ainda se delicia, mascando um pão da Paech".

*PS:* Pech-Brot é escrito com "ae" no comercial de pão, mas, como já dizia a vendedora de flores: "Tudo bem, não faz mal".

# 9

# QUANDO ALGO PAIRA NO AR, EM GERAL NÃO É NADA BOM

QUANDO ALGO PAIRA no ar, em geral não é nada bom. Há medo em jogo nesse ditado, cheira a perigo. Fala-se de uma sensação própria quando se diz que há algo pairando no ar. O que gira no crânio de repente está do lado de fora, superdimensionado, de modo que não se pode ir a nenhum lugar onde isso não esteja presente. São os próprios pressentimentos para os quais se necessita da imagem do ar. Fala-se de si mesmo sem ter de mencionar-se.

No ar não pode pairar nada, apenas ar. E quando ele se movimenta, esse ar é o vento. Ele adentra a região que estiver no seu caminho. E somente porque as coisas se movimentam na região, pode-se ver que o vento tomou conta dela. O vento propriamente não se vê, mas o bater ou o voar das coisas que ele toca. Elas ficam mudas ou ruidosamente VENTOSAS. Sobre pessoas astutas também se diz que elas seriam VENTOSAS. Aqui se fecha um círculo: quando algo paira no ar, isso tem a ver com um perigo que vem de pessoas.

Sempre foi e continua sendo uma diferença para mim, se eu falo do céu, se eu coloco o plural em céu e assim tenho a forma poética, "os céus" — ou se eu falo do medo que outras pessoas colocam na gente. Também se deveria colocar o medo no plural e falar dos MEDOS. Pois o medo por causa da repressão diária com métodos cada vez novos, abertos ou traiçoeiros, ocupa as horas dos dias, as semanas dos meses e o tempo dos anos. Ele ocupa o tique-taque do relógio tanto quanto o barulho do dia e o silêncio noturno das ruas. Talvez se devesse dividir o medo em dois tipos bem distintos: o medo BREVE, inesperado, que some sem deixar rastros assim que a sua causa desaparece. E o LONGO, um medo que se conhece de cima a baixo, no qual só surpreendem os meios a cada dia novos e inesperados com os quais ele é causado. No caso da perseguição política trata-se do medo longo; ele pertence à gente, integralmente infiltrado em todos os momentos, lascivamente espraiado ele acompanha tudo o que se possa pensar. Esse medo LONGO, um medo de base, compõe-se de muitos medos que têm uma coisa em comum: a fonte que o provoca. São sempre os mesmos vultos ventosos que através do seu requintado ofício trabalham precisamente para que o medo longo não obtenha qualquer lacuna, que ele se torne maior do que a gente mesma, que se pertença a ele, que não se possa mais ser alguém que tem medo, mas se tornou alguém, a quem o medo tomou para si.

Que a língua não comece a tremeluzir no plural de medo para MEDOS é, para mim, uma prova de que a língua não permite que se faça tudo com ela. É que, diferentemente de "os céus", "os medos" não são poéticos. Eles são abafados, não abrem nada, eles fecham a visão, o exterior se torna frio de estarrecer, o interior formiga, maníaco, desgasta-se em si mesmo e fica quente a ponto de queimar. Conheço os medos, meus e dos outros, da Romênia de Ceauscescu. Eles eram "preparados" para mim, e isso no sentido mais estrito da palavra (isto é, planejados no papel, formulados como missões e transformados em fatos pelos funcionários do Estado, contratados especificamente para isso) por pessoas "ventosas". Talvez o medo longo seja como o ar, invisivelmente estendido e distribuído por todo lugar. Tornei-me uma "mordedora por medo", não sei mais onde li essa palavra tão adequada há anos atrás. Correspondente a isso havia os ventosos "fazedores do medo". Eles trabalhavam para valer e eram muito bem pagos para tal.

Eu sei, muitos dos ventosos alegam inocência civil hoje. Sorte a minha, mas também deles, pois não se tornaram mais civis através de um entendimento pessoal, mas porque chegaram tempos mais civis, embora tivessem procurado impedi-los. Agora recebem missões mais civis. Porém, os fazedores do medo foram e continuam sendo difusos para si mesmos, eles só se concentram no objetivo para o qual são contratados. Quando o objetivo se torna mais humano eles não se tornam mais escrupulosos, mas se tornam menos perigosos: agentes do serviço secreto, policiais, militares, funcionários de presídios, advogados, médicos, jornalistas, professores e professores universitários, padres, engenheiros, funcionários do correio. Poderia continuar a lista; quando chegasse nos aposentados e nas donas de casa ainda me encontraria no âmbito, passando, assim, por todos os níveis dos ventosos que trabalharam para o medo dos outros, num espectro desde microfones direcionais e acidentes de trânsito encenados até a falsa amizade íntima. Hoje eles esperam na Romênia, bem como em todas as ditaduras arrefecidas do leste europeu, pela admissão no "lodo capitalista" — como maldosa e invejosamente se referiam à Europa Ocidental até a queda das ditaduras. A

Europa, que deverá tornar-se o seu prêmio agora, foi, para eles, primeiro uma falência interior por causa da perda do seu poder. Eles mobilizaram energias e decidiram fazer tudo o que a missão com o nome "Europa" lhes exigir. Eles funcionam novamente, como um trem que se coloca sobre outro trilho. Eles consideram chegado o tempo em que finalmente podem viver tão bem em suas próprias casas como os seus inimigos no "lodo capitalista" há décadas. E como os seus inimigos do Estado, que eles enfiaram na prisão ou que repeliram ou escorraçaram para fora do país com os nervos arruinados.

Que os fazedores do medo e eu sejamos iguais hoje, a maioria deles vê como derrota em relação a mim. E a admissão na Europa, como compensação material para essa derrota. Tão dividida quanto eles estou eu: por um lado acho suspeito que de repente eles reclamem para si o que criminalizaram e proibiram drasticamente durante décadas com toda a lista de ameaças, buscas nas casas, interrogatórios, psiquiatria forçada, homicídio em fuga, prisão, tortura, morte. Com certeza fico furiosa porque afastaram, em parte por meio de chantagem, meus amigos de mim para sempre, outros até mesmo executaram, a mim mesma tornaram presa fácil e então me enxotaram do país. Com certeza hoje ainda me pergunto como é que eles nunca se assustaram consigo, sabendo que arruinavam milhares, tão cidadãos do país quanto eles. E com que direito forçaram outros milhares ao exílio, sabendo que também a esses o chão sob os pés pertencia tanto quanto a eles mesmos. E que se livraram definitivamente dos expulsos, pois jamais se pode voltar do exílio como se foi. Por outro lado me acalma o desejo dos fazedores do medo de quererem viver em sua pátria descaracterizada pelo crime assim como seus inimigos de ontem. Pois o que almejam agora lhes proíbe para todo o sempre de trabalharem no meu medo. Quando embarquei num trem noturno para emigrar, um policial me disse nas escadas do trem: "Nós a encontraremos, onde quer que esteja". Após a minha chegada na Alemanha ainda vivi três anos com ameaças de morte por meio de telefonemas anônimos e cartas. O seu laço havia me seguido, não havia o que fazer. Ainda não perdi o ceticismo, apenas o medo deles. Com isso não havia mais contado, depois que o laço me seguira para o exílio. A perda do medo é um ganho para mim, o maior de tudo que eu possa me lembrar.

Desde que eu me lembro havia na casa dos meus pais uma monstruosa chave pendurada na parede de um quarto de passagem. Ela era de madeira laqueada de preto com bordas douradas. Quando estava aprendendo a andar ela ia dos meus dedos dos pés até o pescoço — e se chamava CHAVE DO CÉU. Não a sua forma, mas o brilho do seu material tinha algo de um caixão ou de um altar em forma de chave. Quando se passava pela chave do céu ela estava à espreita. Eu via o laqueado preto com a sua borda dourada me cobiçando e considerando se deveria me agarrar agora e me mandar ao céu ou não. No céu encontravam-se todos os mortos, os desaparecidos e os mortos na guerra e aqueles que o Deus nosso Senhor peneirava para morrer e aqueles que se peneiravam a si mesmos pelo suicídio. Cada um conhecia a cada um no vilarejo. Por causa dessa intimidade inevitável, resultante de metros quadrados apertados demais e não de afeição as causas de morte tinham pouco a ver com as doenças que o médico constatava. As causas de morte eram submetidas ao código do bem e do mal, virtude e desonra. Acrescentava-se a isso a crendice e crescia um matagal de "argumentos", mostrando que cada falecido havia merecido a sua morte. Revelava-se que o morto havia provocado o Deus nosso Senhor de tal maneira que este finalmente tivera de agir e tombá-lo da vida para a morte. O Senhor Deus católico transformava todos os deslizes em doenças. Ele era a testemunha principal e um interiorano; era exatamente como aqueles que se reportavam a ele. Habitando no céu daquele lugarejo de fim de mundo, ele compartilhava os seus padrões de vida. Uma espécie de ancião do vilarejo que emprestava a sua autoridade aos habitantes para elogiar ou castigar de consciência tranquila. Para mentira, furto, inveja, infidelidade esse Deus do vilarejo distribuía pedras no rim, asma, hérnias, glaucoma, derrame ou câncer.

Como tínhamos a chave do céu pendurada no quarto de passagem, a falta de atenção não era arriscada somente na presença de outros, mas também quando se estava só em casa. "Não olhe tantas vezes no espelho", dizia a minha avó, "não seja vaidosa, ali está a chave do céu". Ela deveria ter razão, pois todos os espelhos da casa estavam manchados, nuvens em tamanho de nozes já flutuavam neles. O céu entrava no espelho para devorar o rosto quando eu me olhava. Eu deixava que ele tocasse o cabelo, as bochechas, o nariz e o pescoço. Ficava cuidando constantemente, porém, para que não roçasse os olhos e a boca. O que a minha mãe dizia era mais complicado: "Você não passou o pano molhado, depois úmido e por fim seco no chão, como eu havia dito. Ele está cheio de riscos, você só passou o úmido, você foi desleixada para terminar mais cedo. Você acha que não se vê isso, você não pensa na chave do céu?". É claro que eu pensava nela, justamente quando fazia o serviço mal-feito. Mas eu relaxava mesmo assim porque acreditava que de qualquer maneira não se pode agradar inteiramente o Senhor nosso Deus, caso contrário não se morreria. E, se de qualquer maneira nos acontecem as mais diversas negligências também se pode carregar mais algumas nas costas. O Senhor nosso Deus também peneira quando eu faço a limpeza bem-feita. E, porque ele peneira, eu preciso ao menos cavar tempo para brincar até lá.

Eu estava convicta de que a chave do céu sabe falar. Que ela denuncia os erros do dia quando o ar ao seu redor fica tão escuro quanto ela. Que ela, quando o céu desce escuro sobre a terra, se mancomuna com os adultos, porque o vilarejo é deles. Tudo, desde o pó das ruas até a copa das árvores pertence a eles, pensava eu. As casas e os animais, os poços, a estação de trem, o boteco e o posto de gasolina, a igreja e o cemitério. E, sobretudo, as crianças lhes pertencem. Saber que eu tinha pais significava que eu pertencia a eles (talvez assim como mais tarde, como adulta, pertencia ao medo que eu sentia). Nunca procurei puxar a chave do céu para o meu lado. Duas vezes em todos aqueles anos eu encostei a cadeira na parede, subi e passei com os dedos sobre a chave. Eu queria verificar se debaixo do verniz ele era só de madeira mesmo. Têmporas, pulso e coração me palpitavam até os dedos do pé. No quarto pulsava um silêncio, ao toque a chave se parecia com a pele de pequenos cães, cujo coração palpita na barriga quando se tira eles do ninho e os ergue no ar. O teste confirmou o que eu temia, a chave era viva.

Quando me mudei para a cidade, para frequentar o colégio, não tinha mais o quarto de passagem na nuca, visitava os pais nos finais de semana como quem vem de fora, quando eles me inspecionavam porque eu cheirava a ar estranho e não lhes pertencia mais de modo incondicional, aí a chave do céu me pareceu um bibelô pendurado, artesanato de quinta categoria. Perguntei, evidentemente, de onde vinha a chave do céu. E já não era sem tempo, pois se revelou que ela tinha uma procedência absurdamente ridícula, uma que me deixou envergonhada, em vista da minha antiga submissão. A procedência era uma desconstrução de sua atrevida peculiaridade encenada. A chave do céu era o presente de uma câmara de comércio vienense ao meu avô. Este era comerciante de grãos até a Segunda Guerra Mundial, tinha negócios em Viena. Ele não sabia mais exatamente para o que a recebera, disse. E quando perguntei como é que a chave do céu se tornara tão importante nessa casa, embora ele nem soubesse mais para o que a recebera, ele falou: "Ela não era uma chave do céu quando a recebi, era uma chave de grãos. Ela se tornou uma chave do céu quando um vizinho, muito bêbado após um jogo de cartas, olhou para a parede ao ir para casa e disse: 'ai, ai, aí está a chave do céu'". Originalmente era uma chave de grãos, provavelmente por uma colheita muito boa, disse o meu avô.

Essa chave não era nada de bom porque o céu nunca fora algo bom. Ela foi conotada pelos seus donos da maneira como eles pensavam. Apesar de toda a sua insignificância ela tendia para esse papel. A chave de grãos não se parecia com nenhum tipo de grãos, através do tamanho, do laqueado preto com as bordas douradas ela fora criada como que para sair de si, ela servia como a chave do céu que ela se tornara através do olhar distorcido de um bêbado. Agora ela me parecia miserável. Sua procedência me parecia a mais burra possível. Demorou certo tempo até que eu conseguisse admitir para mim mesma que qualquer outra procedência teria sido igualmente ridícula, porque não compete a nenhum pedaço de madeira no mundo, por mais perfeito que fosse, brincar de destino. Parecia-me que esse vilarejo todo vivia de um modo assustadoramente descomplicado, através da crendice e do Senhor nosso Deus não só num escabroso acordo com a própria insignificância, mas até mesmo numa lisonjeadora cumplicidade com o chão — numa, na verdade, arrogante submissão ao destino que não só aceita toda morte, mas até mesmo insta por ela.

No vilarejo se dizia: "O céu corre". E ele era de fato todo dia o mesmo de outro modo. E eu pensava que ele empurra os mortos por aí, que os mantém em movimento, como um primeiro-sargento os recrutas no serviço militar. Também os mortos não podem perder o seu medo do céu, pensava eu, eles não devem esquecer que morreram como castigo pela soma de todos os seus passos em falso na vida. Eles não podem estar em situação melhor no céu, senão a morte não seria mais um castigo maior do que o trabalho em campos obstinados no calor escaldante ou na geada.

Nos primeiros anos na cidade o céu não me preocupava, uma vez que ele estava muito despedaçado e eu feliz por haver escapado das fantasias de uma criança que não possuía nenhum livro de contos de fada, porém, por meio da chave do céu arranjava uma compensação para isso, uma compensação brutal, porque não podia delegar nada para o irreal, não lucrava com as diferenças entre o real e o irreal. Os contos de fada, por nunca constarem no papel, mas somente na casa, eram cotidianos na vida. Imagens do medo rolavam por todo o vilarejo. Mas então, fazia onze anos que estava na cidade, eu morei no prédio do meio de três assim chamados "blocos de torres". No quinto andar de uma caixa de concreto na periferia da cidade. Das janelas dos quartos se via o estádio, da janela da cozinha o hospital regional, conhecido pelos saltos da janela dos cansados da vida. E ali no meio se arrastava o campo até a última rua de asfalto. E por cima o céu vazio. Ele era cinza-alaranjado por causa das fábricas. A janela era mais alta do que ele, para olhos vindos da planície era o contrário. Eu olhava para dentro do céu como para dentro de uma poça. Pelo fato de o apartamento cruzar o seu centro, ele se encostava diretamente na janela, ele caía no prato na hora nas refeições. Talvez eu não tivesse visto essas imagens se vizinhos ventosos, colegas de escritório, agentes do serviço secreto não tivessem trabalhado no meu medo. Não era o céu, mas a insegurança. No ventre do céu eu abria e fechava a geladeira, o guarda-roupas, me lavava e me penteava, comia e dormia. Eu me sentia suspensa demais no ar porque com frequência havia coisas mudadas no apartamento quando eu chegava em casa. Na minha ausência o serviço secreto controlava o meu lar, colocava um quadro da parede sobre a cama, mudava cadeiras de lugar, arrancava as pontas de cartazes da porta do armário, jogava xepas de cigarro na privada. Ali na torre o medo passado diante da chave do céu me parecia um ensaio para o que viria depois. Só não podia esperar jamais, nesse depois, que o serviço secreto é um serviço de grãos que brinca de onipotência. Ele também não era de madeira, não estava pendurado na parede. Pregada estava eu.

Quando eu ouvia os conceitos "palavra-chave", "cena--chave", "acontecimento-chave" eles soavam assustadoramente adequados para palavras, cenas, acontecimentos que são determinantes e que têm consequências. Todas as palavras com "chave" não tinham nada de simbólico, eu e elas sabíamos que elas manejam com a presunção da chave do céu. Eu evitava essas expressões. E fiquei admirada quando pela primeira vez ouvi a palavra "criança-chave". Eu fiquei desconcertada e me senti pega em flagrante. Num sentido muito diferente também eu pertencia muito mais à chave do que ela a mim. Eu teria necessitado da palavra "criança-chave" no vilarejo e não a conhecia.

E na expressão fixa "sob o céu livre" eu tinha de corrigir imediatamente na cabeça: "a céu aberto". No vilarejo nunca se falava de céu livre. Todo trabalho era fora de casa, de libertador nem sinal, o trabalho era pesado. Sob o céu do vilarejo se dizia frases práticas, constatações que se referiam ao tempo. Quando se ouve as suas palavras elas são belas, mas não propositais, porém ingenuamente belas: o céu corre. O céu se vira. O céu se encolhe. O céu comprime. O céu se revolve. O céu está com sede. "Sob o céu livre" só se dizia na cidade. Mas livre ele não era um dia sequer, ele apenas estava ABERTO. Até hoje eu digo "a céu aberto".

No meio do interrogatório o agente do serviço secreto dizia com a voz suave: "Quem veste roupa limpa não pode chegar sujo ao céu". Era verão, eu estava com uma blusa nova, estava cuidadosamente bem maquiada, como sempre quando era mandada para a humilhação. Eu queria parecer bem. Hoje só posso especular a respeito do porquê de isso ter sido tão importante para mim. Naquele tempo eu me arrumava automaticamente, ficava bastante tempo diante do espelho. Talvez eu tomasse ali um adiantamento de amparo que no interrogatório sumia tão rapidamente, como bagagem roubada. Mas ir arrumada ao interrogatório deve ter sido um trunfo contra o asco diante da impotência. Fiquei até orgulhosa quando o interrogador disse aquilo. "Quem veste roupa limpa não pode chegar sujo ao céu" era a mais bela ameaça de morte que ele formulara. Pois ela ao menos deixava algo valendo em mim, ao menos admitia que, apesar do trabalho no meu medo, eu ainda estava suficientemente intacta para trabalhar na minha aparência. Logo de primeira compreendi a frase em todos os seus meandros não ditos. Pois eu conhecia pessoas arruinadas, outrora pedantes, que agora não conseguiam mais dominar o seu exterior. E ele, que as arruinava, certamente conhecia inúmeros que não possuíam mais a força para cuidarem da sua aparência, pois já haviam abandonado a si mesmos.

A estação de trem para emigrar ficava próxima da fronteira com a Hungria, uma pequena estação de fronteira. Éramos mais ou menos vinte pessoas, esperávamos pelo trem numa escura sala posterior, sob o controle policial. Não era permitido deixar a sala de espera, só se poderia pisar na plataforma sob a ordem dos policiais. Após a última ameaça na escada do vagão: nós a encontraremos, onde quer que esteja, estava sentada, então, como um casaco sem pessoa nesse trem, como se novamente tivesse caído num novo truque dos fazedores do medo. O trem zunia, era fevereiro, um final de tarde precocemente escuro, as manchas de neve empurravam a sua luz branca furtiva ao longo dos trilhos, o trem era realmente um trem e nós realmente estávamos andando. Mas eu não acreditava completamente nesse andar, que ele realmente me levaria para fora desse país.

Mas então o trem estava na Hungria. E ao lado dos trilhos corriam capim de inverno húngaro, manchas de neve húngaras, lanternas de rua húngaras. E quando amanheceu, céu austríaco, gralhas austríacas, sebes e álamos austríacos. A região andante não estava interessada em liberdade. Sem imaginação tudo crescia romeno. O trem foi embora, mas a paisagem permaneceu consigo mesma; apesar da distância, não queria saber de diferenças como ditadura e liberdade. As pessoas faziam as fronteiras contra a paisagem e contra o cérebro e seu discernimento natural. Mas, pela primeira vez era bom que elas existiam. Senão eu não teria conseguido alcançar um outro país nessa paisagem continuada, pensei. Se isso adiantaria alguma coisa, era incerto. E esses álamos agora austríacos passavam pelos meus olhos, porém, nessa primeira liberdade do crânio tocavam uma canção ventosa: nós a encontraremos, onde quer que esteja.

Certo dia, fazia um ano que eu vivia em Berlim, fui convocada pelo serviço de proteção do Estado. Mencionaram-me o nome de um romeno para mim desconhecido, mostraram-me a foto dele e o seu caderno de anotações, no qual se encontrava meu nome com endereço. O serviço de proteção do Estado desconfiava que o homem era contratado pelo serviço secreto romeno para realizar assassinatos em Berlim. Fui prevenida contra bares com funcionários romenos duvidosos. Na Romênia, em Timisoara, onde vivi até a minha emigração, existe hoje uma grande fábrica de sucos de frutas. O dono é o homem que estava preso em Berlim naquela ocasião, por causa de missões de assassinato. O ventoso de então é hoje um dos empresários um dos muitos empresários, banqueiros, políticos, professores universitários, cujas posições na ditadura lhes possibilitaram o uso de capital e influência para o início na economia de mercado. Os fazedores do medo de então estão trazendo o país para a Europa.

Ouvi falar que o suco de frutas de Timisoara é gostoso. Não vou degustá-lo, senão acabo bebendo junto um medo que eu nem tenho mais.

Este livro, composto na fonte Fairfield,
foi impresso em pólen soft 80g na gráfica Imprensa da Fé.
São Paulo, Brasil, novembro de 2013.